Thomas Drexel

50 Wohlfühl-Häuser

Wohnen mit allen Sinnen

Deutsche Verlags-Anstalt

Inhalt

Einführung: Das perfekte Wohlfühl-Haus

Zeitgemäß und wohlig wohnlich leben

Wer träumt nicht vom perfekten Haus zum Wohlfühlen? Dieses Buch hilft, aus der Sehnsucht Wirklichkeit werden zu lassen. 50 Vorzeigeprojekte für alle Sinne und Geschmäcker weisen den Weg zum eigenen Traumhaus und zum faszinierenden Wohnambiente. Die Porträts neu errichteter, umgebauter oder auf höchstem Niveau renovierter und gestalteter Einfamilienhäuser werden in hochwertigen Fotografien dargestellt, mit detailgenauen Plänen illustriert und textlich fundiert beschrieben.
Die von außen ablesbare Architektur, vor allem aber die Innensicht beeinflussen die Wahrnehmung vom eigenen Haus, die Stimmung und letztlich auch das emotionale Wohlergehen ganz entscheidend. Diese Erkenntnis wird bei der Planung nicht immer beherzigt. Wohlfühlen in den eigenen vier Wänden ist weniger eine Frage der Lage, des Geldes oder von Alt oder Neu, sondern lässt sich in unterschiedlichster Umgebung und unter den unterschiedlichsten Voraussetzungen erreichen – ganz so wie in diesem Buch dargestellt. Jedes einzelne Beispiel lädt zum Schwelgen ein, hält aber immer auch nützliche Tipps bereit. Grundlegende Informationen zu Architektur- und Innenraumgestaltung helfen, den Weg zum eigenen Wohlfühl-Haus sicher zu finden.

Mit guter Planung zum Wohlfühl-Haus

Was ist der Sinn von Wohn-Architektur? Die Antwort der meisten Bauherren wird lauten: „Die Schaffung eines Umfelds, in dem ich mich wohlfühle." Also der Bau eines Wohlfühl-Hauses. Aber wie dieses perfekte Wohnumfeld, dieses persönliche Lieblings-Domizil herstellen und wie es planen und überhaupt in seinem Anspruch definieren? So unterschiedlich wie die Geschmäcker in anderen Bereichen sind, so werden auch keine zwei Bauherren vorab identische Auffassungen ihres persönlichen Wunschhauses vertreten. Die Aufgabe kompetenter Architektinnen und Architekten besteht nicht zuletzt in der Kanalisierung und vor allen Dingen in der fachgerechten Umsetzung dieser Wunschvorstelungen. Nur ein individuelles, einzigartiges und klares Raumkonzept und eine Architektur ohne die üblichen falschen Versatzstücke, aber mit hohem Wohnwert werden die Bewohner am Ende rundum überzeugen. Es gilt, visuelle Klarheit mit sinnlich erfahrbaren Erlebnissen zu verbinden – etwa einem wunderschöner Ausblick, einem im besten Sinn gemütlichen Essbereich am Kamin oder auch einem beschützten Badeplatz in der Nische.

Traum-Räume im Sonnen-Haus

Vor allen Detail-Überlegungen steht bei Neu- oder Umbaumaßnahmen die Frage, wo und wie die einzelnen Nutzungsbereiche angeordnet werden sollen. Dies hat unmittelbar mit der äußeren Gestaltung der Architektur zu tun, da wichtige, viel genutzte Wohnbereiche – Wohnen, Essen/Kochen, aber auch die Kinderzimmer – nach Möglichkeit stets auf die Sonnenseiten Süden und Westen hin orientiert und gut belichtet sein sollten, um eine ideale Ausnutzung der Sonnenstrahlen für die Wohnstimmung und die Erwärmung der Räume zu erreichen. Beschattungsmöglichkeiten wie Holzklapp- oder Schiebeläden, textile Systeme oder außenliegende Jalousetten steuern die Sonneneinstrahlung und zaubern bemerkenswerte Lichtmuster in die Innenräume.
Untergeordnete Funktionen wie Flur, Treppe, WC, Abstell- und Lagerbereiche werden am besten auf der Nordseite platziert, wo aus Wärmeschutzgründen nur kleine Fensterausschnitte vorgesehen werden sollten. Ausnahmen sind dann möglich, wenn der Standort (z. B. eine Hanglage) beziehungsweise das Umfeld (z. B. ein schöner Ausblick auf eine Landschaft oder Stadt) es nahelegen.

Licht und Luft zum Atmen

Die Zufuhr von natürlicher Helligkeit ist nicht nur eine funktionale Notwendigkeit, sondern gerade für Wohnhäuser einer der entscheidenden Wohlfühl-Faktoren, da Stimmung und Enzymhaushalt hiervon entscheidend profitieren.
Die Lichtführung wird durch die gezielte Setzung der Fassadenausschnitte festgelegt. Im (nicht immer umsetzbaren) Idealfall wird es so sein, dass Haupt-Wohnräume zu unterschiedlichen Tageszeiten Licht aus unterschiedlichen Richtungen und unterschiedlichen Charakters bekommen. Gläserne Dachreiter und Oberlichtbänder können etwa bei relativ kleinen Fenstern – beispielsweise in Altbauten – den Anteil weichen Lichts erhöhen.
Die Innenarchitektur hat es mit in der Hand, die Verteilung des Lichts im Raum durch die Schaffung offener und durchgängiger Strukturen zu unterstützen – je weniger Barrieren, desto mehr Transparenz, desto besser wiederum auch die Atmosphäre und Stimmung. Insofern gilt es, Trennwände nur dort vorzusehen, wo sie wirklich gebraucht werden. Ebenso „schlucken" lange, schlauchartige Flure ohne Aufenthaltswert wichtigen Wohnraum und auch Geld, das andernorts sinnvoller eingesetzt werden könnte. Dagegen kann unverbauter Luftraum über zwei oder mehr Geschosse im Wohlfühl-Haus eine wundervolle Wirkung erzielen und dann durchaus auch den Verlust einiger Quadratmeter Wohnraum verschmerzen lassen.

Sinnlich gestalten mit Farben und Materialien

Farben geben Räumen Charakter und können ihre Wirkung sehr stark beeinflussen. Daher ist es von Bedeutung, die Funktion des Raums und das Geschmacksempfinden seiner Nutzer zu kennen, bevor man an die Auswahl der Farbtöne geht. Im Kinder- und Elternschlafzimmer kann einfach nach persönlichen Lieblingsfarben entschieden werden, ansonsten gilt es, gemeinsame Lösungen zu verabschieden. Starke Akzente sollten mit Bedacht gesetzt werden, so etwa in Gestalt einer dunkelroten Wandscheibe oder auch eines grünen Treppenaufgangs, nicht aber als durchgängige, grelle Leitfarbe. Das Gleiche gilt für dominante Ornamente, die sehr punktuell, eher wie ein Bild eingesetzt werden.
Helle Töne lassen Räume größer, dunkle kleiner wirken. Während senkrechte Streifen und eine helle Decke optisch ein Mehr an Höhe suggerieren, machen waagerechte Streifen und eine dunkle Deckenfarbe den Raum niedriger.
Die Farbe Weiß stellt aufgrund ihres neutralen Charakters fast immer eine gute Wahl dar und eignet sich hinsichtlich der von ihr ausgehenden ruhigen Wirkung für Schlafräume und Bäder, aber ebenso als Leitfarbe für gemeinsame Wohnräume. Im Wohlfühl-Haus ist grundsätzlich Vorsicht vor dezidiert kalten Tönen wie dunklem Blau und Violett geboten, nicht zu intensives Rot, Orange und warmes Gelb können hingegen eine warme und belebende Stimmung erzeugen und unterstützen. Voraussetzung ist aber stets, dass die Zusammensetzung der Farben baubiologisch sinnvoll ist. Das gilt für reine Mineralfarben oder Kalk-Kasein-Farben, die gemeinsam mit einem insgesamt diffusionsoffenen Wandaufbau für ein angenehmes Raumklima sorgen und vor allen Dingen einen sehr natürlichen, lebendigen Charakter besitzen. Kalt anmutende Materialien wie geschliffener Granit oder Marmor eignen sich nicht für

eine flächige Verwendung, wenn man ein im Charakter warm wirkendes Ambiente anstrebt. Ideal sind beispielsweise Holzdielen und geöltes, nicht versiegeltes Massivparkett, denn solche Materialien sind bei der Berührung warm, tragen zum Feuchtigkeitsausgleich bei und tun der Seele gut. Tonplatten und ungeschliffener, heller Naturstein sind ebenfalls gute Alternativen, in Kinderzimmern – durchaus auch einmal farbiger – Korkboden. Kann man gutes Material aus Wiederverwendung bekommen, so sollte man zugreifen, denn dessen natürliche Patina spendet gerade Neubauten viel Atmosphäre.

Gemeinsam entspannen und kommunizieren

Die berüchtigte Sitzecke in Eiche rustikal ist weitgehend verschwunden, aber ein Platz zum gemeinsamen Aufenthalt und auch zum Ausruhen nach einem erfüllten Tag ist nach wie vor ein wichtiger Teil des Raumprogramms. Damit dieser von allen gern genutzt wird, sollte er einen „beschützten" Charakter haben, sich also am Kopfende eines Raumes befinden oder zumindest von einer Wandscheibe, einer Regaleinheit oder einem Ofen etwas abgeschirmt sein – insbesondere dann, wenn der Wohnbereich Teil eines Einraumkonzepts mit Kochen und Essen ist. Eine unangenehme Durchgangssituation eignet sich ebenso wenig wie die Platzierung im Bereich eines kalten Luftzugs; dagegen tut es gut, beim Aufenthalt einen schönen Ausblick in die Landschaft oder auf eine Stadt genießen zu können.

Feuerschein als Teil der Wohnatmosphäre

Neben einer angenehmen Belichtung ist das Entspannen und Auftanken vor dem Feuer ein weiteres elementares Grundbedürfnis, das im gemeinsamen Wohnbereich nach Möglichkeit unbedingt berücksichtigt werden sollte. Gerade in der kalten Jahreszeit versammeln sich alle Bewohner gerne um einen Kamin- oder Kachelofen, der wohltuende Wärme und eine wundervolle Stimmung erzeugt. Varianten mit sichtbarer, etwa verglaster Feuerstelle sind optimal, da sie auch visuelle Erlebnisse bieten. Sogar die oftmals stiefmütterlich behandelten Holzlegen lassen sich – wie mehrere Beispiele dieses Buchs zeigen – ausgezeichnet in das Wohnambiente integrieren.

Kochen und Essen mit Lust und Laune

Der Trend zum Kochen aus Leidenschaft ist ungebrochen – aber sicherlich nicht im Schleiflack-Ambiente! Inspirierend wirken vielmehr Zubereitungs- und Essplätze, die mit einem Mix aus Massivholzoberflächen und Metall arbeiten und die die Räume nicht erschlagen, also etwa Platz unter dem Korpus lassen und auf überdimensionierte Küchenmöbel verzichten. Stauraum für Lebensmittel und Küchengeräte kann oftmals besser in einem kleinen Nebenraum bereitgestellt werden. Auch das Essen macht mehr Spaß ohne schweres Mobiliar. Am spannendsten wird es, wenn Antiquitäten auf klassisch modernes Design treffen, beispielsweise ein Jugendstil-Esstisch auf eine Bestuhlung von Ray und Charles Eames.

Perfekte Entspannung und Privatheit zu zweit

Schlafzimmer bedürfen zunächst einer ruhigen Atmosphäre. Im Einfamilienhaus lässt sich dies am besten dadurch erreichen, dass Eltern- und Kinderbereich räumlich etwas voneinander abgesetzt werden – in unterschiedlichen Geschossen oder separiert durch Erschließungsbereiche wie etwa Treppen. Das beruhigte Umfeld ist wichtig für den Entspannungseffekt. Dazu kommt ein von warmen Farben, Holztönen und ruhigem Weiß geprägtes Ambiente. Auf ein Übermaß an Dekoration wird man hier lieber verzichten, besser wirken gezielt gesetzte Blickfänge wie ein harmonisches Bild oder eine schöne, alte Kommode. Wellness-Bereiche zuhause entstehen dadurch, dass Schlaf- und Badezimmer ganz oder in Teilen als gemeinsamer Raumzusammenhang ohne trennende Wände gestaltet werden – so etwa eine frei stehende, in Holz gekleidete Wanne in Nachbarschaft zum im gleichen Material gefertigten Bett.

Das Badezimmer als Erlebniswelt

Neben einer guten Belichtung spielt es für den Wohlfühl-Erfolg im Badezimmer eine wichtige Rolle, dass sich klare Gestaltung und warme Materialien wie Holz (hier unbedingt wasserresistente Arten wie Akazie oder Robinie) zusammenfinden. Weiche Textilien, Pflanzen und eine stimmungsvolle Beleuchtung mit Kerzenschein sind ideale Accessoires, Durcheinander und Chaos dagegen Wohlfühl-Killer. Einbauschränke an der Wand oder Unterbaulösungen sollten Badutensilien unsichtbar aufnehmen. Ob man die Wanne lieber frei und unbeengt in den Raum stellt oder in einer durch Stufen erreichbaren Nische unterbringt, bleibt dagegen dem persönlichen Empfinden überlassen. In landschaftsnaher Umgebung ohne direkte Nachbarschaft lässt sich die Wanne auch vor einer Panoramascheibe platzieren. Kaum etwas ist schwieriger als die Auswahl der Fliesen, aber sie sollten zum übergreifenden Gestaltungskonzept passen, klar gestaltet und nicht flächig, sondern eher punktuell eingesetzt werden. Duschwannen und fertig gelieferte Duschkabinen sind nicht nur teuer, sondern in aller Regel auch keine Zierde. Stattdessen sei empfohlen, einfach nur einen Ablauf im Fliesenboden vorzusehen und den Duschbereich mit satinierten oder farbigen Glasscheiben beziehungsweise gemauerten Wandscheiben abzugrenzen.

Wasser zum Wohlfühlen

Das Element Wasser kann ungemein zur Entspannung beitragen – auf vielfältige Weise, wie die Beispiele dieses Buches zeigen: Teils ist es der Blick auf einen benachbarten See, teils ein Brunnen im eigenen Garten oder sogar ein Pool fürs tägliche Badevergnügen.

Das Wohlfühl-Plus: Sauna und Fitness

Bauherren mit einem Faible für die Sauna können sich ihr individuelles Wellnesss-Erlebnis auch bestens daheim schaffen. Dafür muss und sollte es nicht immer der Keller sein, im Obergeschoss – etwa dem Badezimmer und Schlafzimmer zugeordnet – passt es hinsichtlich des Lebensablaufs meist viel besser. Zudem werden nach Möglichkeit individuell geplante Saunen mit Fenstern versehen, die Licht hereinbringen und im Idealfall schöne Ausblicke bieten. Aber auch Glastüren und -wände verbessern die Belichtung.

Wohlfühl-Räume für die Kinder

Leider bei der Planung teils immer noch stiefmütterlich behandelt, sind die Räume für die Kleinsten ein wichtiger Part bei der Gestaltung des Einfamilienhauses, da hier ein großer Teil des Tages zugebracht wird. Im individuellen Kinderzimmer geht es darum, mehrere Funktionen miteinander zu vereinbaren und dabei den zur Verfügung stehenden Raum optimal auszunutzen. Neben Schlafen – etwa in einer unter dem Hochbett eingerichteten Kuschelhöhle – finden hier auch verschiedenste Spiele statt, und es sollte auch noch ein Schreibtisch für das Anfertigen der Hausaufgaben, fürs Malen und Basteln vorhanden sein. Insbesondere für kleinere Kinder bieten sich Gestaltungskonzepte mit warmen, pastelligen und hellen Farben an, wobei im Detail der Geschmack des Kindes Berücksichtigung finden sollte. Wertige Möbel mit Charakter und weiche Stoffe sind wunderbar geeignet. Erlebnisaspekte wie etwa Hochbetten mit Strickleitern und Rutschen erfreuen sich hoher Beliebtheit, ihre Verwirklichung muss dann natürlich von der Größe des Kinderzimmers abhängig gemacht werden. Wichtigster Ausgangspunkt für ein liebevoll gestaltetes Kinderzimmer ist die persönliche Inspiration und Fantasie, eine ausreichende Größe und gute Belichtung sind die architektonischen Voraussetzungen.

1 Das Zwillings-Haus im Weinbauerndorf

Architektur: atelier-f architekten/Kurt Hauenstein, Fläsch (Schweiz)
Projektmitarbeiter: Daniel Jäger, Corinna Gliss

Gegenden mit hoher Qualität bei der Wiederherstellung alter wie auch der Entstehung neuer Architektur gibt es in Europa nur wenige – Vorarlberg gehört dazu, mit Sicherheit aber auch Teile Graubündens, insbesondere das kleine, aber inzwischen sehr bekannte Weinbauerndorf Fläsch. Der hier seit einigen Jahren lebende und wirkende Architekt Kurt Hauenstein hat mit seinen Arbeiten dazu einen wesentlichen Teil beigetragen. Als bisheriger Höhepunkt kann das neue Wohndomizil von ihm und seiner Frau Marilies Düsterhaus gelten.

Ansicht von Norden auf das alte und das rechts davon stehende neue Wohnhaus. Im Vordergrund das betonierte Wasserbecken.

Das besondere Spannungsmoment lag bei diesem Projekt darin, dass ein bestehendes Bauernhaus aus dem 18. Jahrhundert und ein neues Wohnhaus so zusammengefügt wurden, dass sie in ihrer Verschiedenheit doch zu einer überzeugenden Einheit fanden. Anstelle der (vom Anfang des 20. Jahrhunderts stammenden) baufälligen Scheune entstand zum Garten hin ein neues Wohn- und Atelierhaus ganz aus Beton, das nicht nur durch einen gläsernen Eingangs-Zwischenbau, sondern auch durch diverse bauliche Ähnlichkeiten mit dem Altbau verbunden ist. Der Neubau nimmt das Fehlen von Dachüberständen ebenso auf wie die zurückhaltende Farbgebung und die relative

Blick in den Loft-Raum im Obergeschoss des Neubaus. Der Boden aus massiver Eiche ist mit weiß pigmentiertem Öl eingelassen. Sessel und Glastisch sind sondergefertigte Entwürfe von Kurt Hauenstein. Der vom Handwerker aufgemauerte Kamin – wahlweise auch als offene Feuerstelle nutzbar – strukturiert den Raum. An seinen Schmalseiten besitzt er zwei Nischen zur Präsentation von Statuen und anderen Kunstwerken.

Kleinteiligkeit der Fassadenöffnungen, deren Laibungen gekonnt betont sind. Der von den Fläscher Bergen stammende dunkelgraue Schiefer der alten Solbänke und Fensterlaibungen stand Pate für den Farbton, mit dem der Beton des neuen Hauses wie auch das Wasserbecken und die umgrenzende Grundstücksmauer eingefärbt wurden. Die in einigen Räumen des Altbaus vorgefundenen Wand- und Deckentäfer waren dem Planer Anlass zu einer kreativen Neuinterpretation: Die Innenwände des Betonhauses sind mit weiß gekalktem Fichtenholz verschalt, zitieren den Bestand, lassen die Struktur des Holzes durchscheinen und bringen doch zeitgemäße Klarheit und Helligkeit ein. Eine Wohngalerie bietet vielfache Ausblicke und gezielt inszenierte Landschaftspanoramen, darunter sind das Schlafzimmer und ein Atelier angeordnet. Ein stollenartiger und ein gläserner Durchgang verbinden Neu und Alt.

Oben links Die im Altbau untergebrachte Küche mit Blick zum Gartenhof. Origineller Blickfang ist der aus Großbritannien mitgebrachte traditionelle Quartersize-Billiard-Diningtable, der mit wenigen Handgriffen vom Ess- zum Spielmöbel umgebaut werden kann. Darüber eine Deckenleuchte von Artemide. Die Kücheneinbauten wurden von Kurt Hauenstein entworfen.

Mitte und rechte Seite oben Der Essplatz auf der Galerie des Neubaus bietet nach Westen einen wunderschönen Blick auf den alten Birnbaum und in die Landschaft sowie Richtung Osten faszinierende Durchblicke zum alten Bauernhaus. Links der Panorama-Glasscheibe ein Gemälde von Ruth Kammermann. Der Esstisch aus Holz und Stahl ist ebenso wie die Wandleuchte beim „Birnbaumfenster" und der vierarmige Standleuchter ein Eigenentwurf von Kurt Hauenstein, bei den Stühlen handelt es sich um den Klassiker „Costes" von Philippe Starck. Die kugelförmige Bodenleuchte von Catellani & Smith besteht aus Stahldraht.

Rechte Seite unten Die kleine Statue auf dem Ständer von Kurt Hauenstein stammt von Roland Roure, den vierarmigen Bronze-Standleuchter beim Spiegel gibt es bei En Soie in Zürich.

Im Bauernhaus sind mehrheitlich nur spätere Einbauten wie etwa die Toilette in der Stube oder eine zweite Treppe entfernt worden, ansonsten blieb das Alte sichtbar oder wurde sogar sichtbar gemacht. So sind an einer Wand in der Küche die historischen Farbschichten offengelegt und erinnern somit fast an ein historisches Gemälde. Ein Faszinosum ist auch die mit unregelmäßigen Schieferplatten belegte Spindeltreppe, die an historische Wehrtürme denken lässt, in jedem Fall aber zusammen mit dem Gewölbekeller den ältesten baulichen Kern des Gebäudes bildet.

Ein mediterran anmutender Innenhof mit unterschiedlichen Niveaus und einem sanft plätschernden Wasserbecken bildet den Übergang in die zum Anwesen gehörende Obstwiese und in die steil ansteigenden Weinberge. Ein perfektes, gleichermaßen archaisches und einladendes Haus-Ensemble.

Oben Die ursprüngliche, behutsam renovierte Stein-Spindeltreppe. Rechts der Durchgang zum Eingang und zum Neubau.

Links oben Im Obergeschoss: Durchblick vom Altbau zum Wohnbereich im Neubau. Dachverglasungen spenden weiches Licht – auch für die angrenzenden Bereiche.

Links Blick von der Terrasse des Zwischenbaus in den Hof mit dem Sitzplatz.

Rechte Seite oben Blick auf das Bau-Ensemble von Süden. **Unten** Marilies Düsterhaus und Kurt Hauenstein.

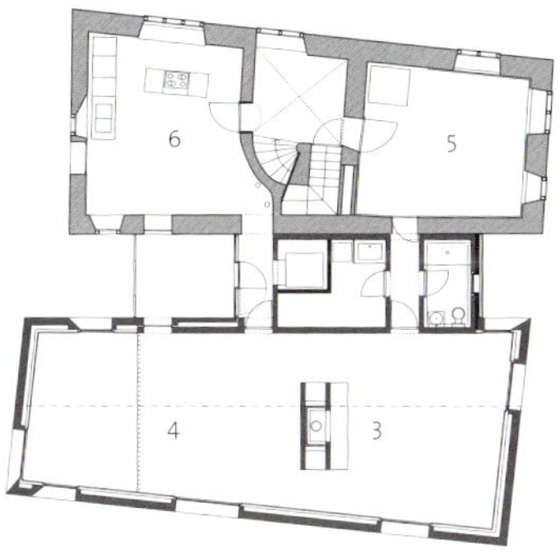

Obergeschoss

1 Schlafzimmer
2 Atelier
3 Wohnbereich
4 Essbereich
5 Alte Stube
6 Küche

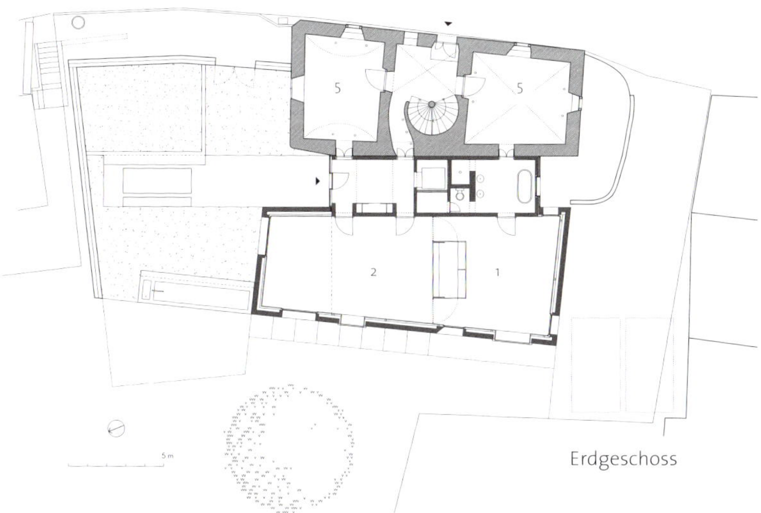

Erdgeschoss

Baudaten

Standort	Fläsch/Graubünden (Schweiz)
Bauzeitraum	2005–2007
Grundstücksfläche	2900 m²
Wohnfläche	280 m² auf drei Ebenen
Bruttorauminhalt	1400 m³
Baukosten	keine Angaben

2 Das Natur-Haus auf der Wiese

Architektur: Bernardo Bader, Dornbirn (Österreich)

Obgleich Teil einer Ortschaft, scheint das Haus der Familie Kranzelbinder mit der Landschaft des Bregenzerwalds verwachsen. Die nächstgelegenen Gebäude sind so weit entfernt, dass man sie beim Aufenthalt im Haus nur erahnen kann. Nach Westen erfasst der Blick gar ausschließlich freie Weiden und Wälder – eine Anmutung von Abgeschiedenheit fast wie vor 100 Jahren.

Vom jungen, aber bereits renommierten Vorarlberger Architekten Bernardo Bader geplant, entstand ein Wohnhaus für eine Familie, die ihre Verhaftung in der Naturlandschaft auch architektonisch zum Ausdruck bringen wollte. Nicht nur das Satteldach und die klaren Bauformen, sondern auch der intensive Einsatz von Holz regionaler Provenienz fügen Haus und Landschaft zur Einheit. Während ein schützender Schirm aus heimischer Weißtanne die Fassade bildet, sind Böden, Wände und Decken in Fichte gehalten. Dass dies im Innenraum gemütlich, aber nicht dominant wirkt, verdankt sich der geradlinigen Ausführung und den großen Glasscheiben, die weit nach Süden und Westen blicken lassen. Ein Sitzplatz für die Kinder, der Teil des Wohnbereichs ist, befindet sich genau am Fenster, davon durch eine trennende Wandscheibe abgesetzt Essplatz und Küche, die eine Melange aus hölzerner

Oben beide Das Haus wurde am Standort des nicht mehr sanierbaren Vorgängerbaus ganz getreu dessen baulichen Grundprinzipien und dem Erbe der Region, aber doch eindeutig zeitgemäß gestaltet: Alle Funktionen sind unter einem Dach vereint, die Fassade ist mit handgearbeiteten Tannenschindeln verschalt, die Dachneigung und der Dachüberstand orientieren sich an den historischen Vorbildern.

Wohnlichkeit und weißer Geradlinigkeit bilden. Eine dem Erdgeschoss südseits vorgeschaltete Loggia bietet die Möglichkeit, den Ausblick und die Ruhe geschützt zu erleben – was von allen Familienmitgliedern auch sehr rege genutzt wird.

Die obere Wohnebene ist dem Elternschlafzimmer, den Kinderzimmern und dem Wohlfühl-Bad vorbehalten, das die Vorzüge des Umfelds in perfekter Weise nutzbar macht: Aufgrund des Fehlens jedweder Nachbarschaft konnte das Bad mit einer Panoramaverglasung versehen werden. Ansonsten setzt das Konzept wohnlicher Reduktion auf einen geerdeten Naturschieferboden, weiße Waschtische und Wanne sowie den warmen Hintergrund des Massivholzes. Beim Bad in der Wanne ist das Landschaftspanorama das eigentliche Highlight des Wohn- und Wellnesserlebnisses.

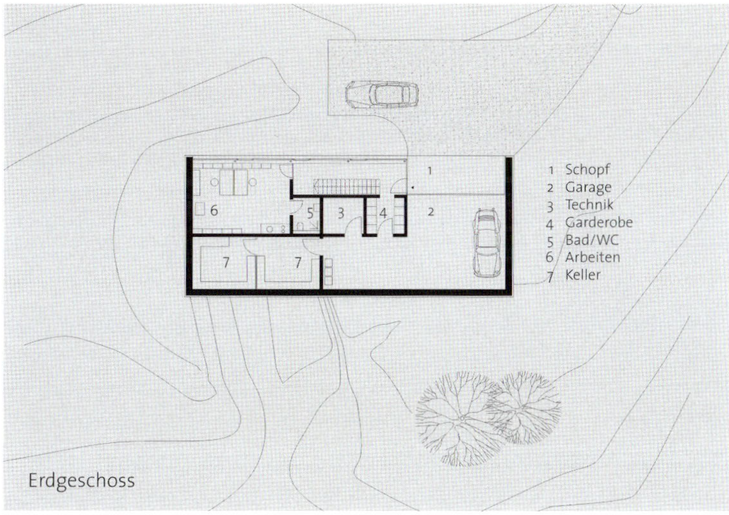

Erdgeschoss

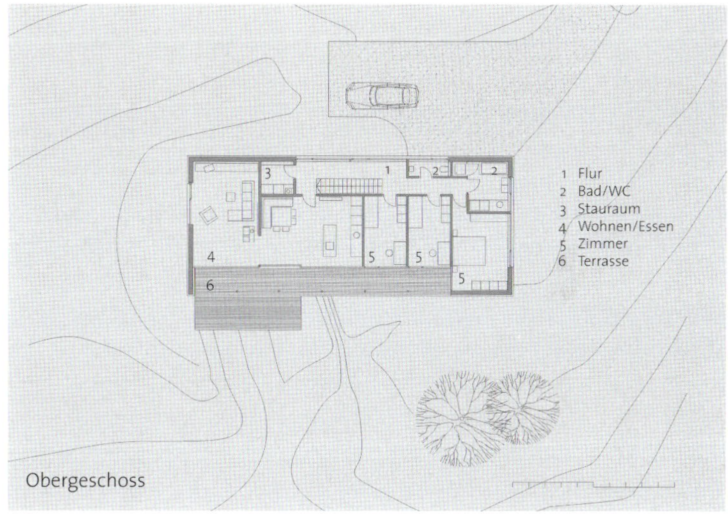

Obergeschoss

Seite 15 Ausblick vom Wohnbereich in die Landschaft des Bregenzerwalds. Die Massivholzriemen bestehen aus strapazierfähiger, geölter Eiche.

Linke Seite Abendlicher Blick von dem laubengangähnlichen, unters Dach eingezogenen Bereich in die „Gute Stube“. Rechts die Küchenzeile.

Unten Blick vom Wohnraum in den Ess- und Kochbereich, links die Holzlege des Ofens. Der Blockbau – in diesem Fall mit wintergeschlagenem Holz aus dem örtlichen Wald – stellt die ursprünglichste Weise dar, sich einzurichten. Die Geradlinigkeit der Innenarchitektur mit homogenen Materialien vermeidet dabei jedwede falsche Gemütlichkeit.

Baudaten

Standort	Bregenzerwald/Vorarlberg (Österreich)
Bauzeitraum	2005–2006 (14 Monate)
Grundstücksfläche	1058 m²
Wohnfläche	148 m²
Bruttorauminhalt	1400 m³
Baukosten	keine Angaben

3 Helle Wohnlichkeit in anthrazitfarbener Robe

Architektur: Bernardo Bader, Dornbirn (Österreich)

Eine fast unwirkliche Strahlkraft, gleich eines schwarzen Kristalls, geht von dem geheimnisvollen Wohnkubus unweit der schweizerisch-österreichischen Grenze aus. Dies erklärt sich aus der für die Fassaden gewählten Anstrichtechnik, die ihren leicht metallischen Schimmer durch die Beimischung von Metallspänen erhält. Diese insbesondere bei näherer Betrachtung und bei Sonnenschein auffällige, leicht flirrende Wirkung unterstützt die gewollte Einbeziehung des Hauses in das bestehende Naturumfeld. Auf einem großen Grundstück mit alten Walnussbäumen gelegen, blickt das Haus nach Osten in sattes Grün, das sich spiegelnd in den „gläsernen Augen" des Gebäudes zeigt.

Fensterstreifen und dunkle Holzpartien der Fassaden konstituieren im Äußeren einen Gegensatz zwischen Offenheit und Geschlossenheit, zwischen Helligkeit und Dunkelheit, der im Inneren völlig inexistent ist. Hier ist – vom Treppenbereich bis zum großen Wohn-, Ess- und Kochraum – Helligkeit allgegenwärtig, die von verschiedensten Richtungen und Winkeln eingestrahlt wird. Weiße Wandflächen, die das Licht bestmöglich reflektieren, sind der innere Gegenpart zur nach außen gewandten Hülle und massive Holzböden der atmende, gleichsam

Oben beide Der Baukörper lebt in besonderem Maß von der Hell-Dunkel-Wirkung. Der Schattenwurf und die Blattstrukturen der nahen Bäume treten in ein interessantes Wechselspiel mit der Architektur.

Blick in den Wohn-, Ess- und Kochraum mit seinen vielfältigen, differenzierten Aus- und Durchblicken. Die filigrane, zurückhaltende Möblierung unterstreicht die Durchgängigkeit.

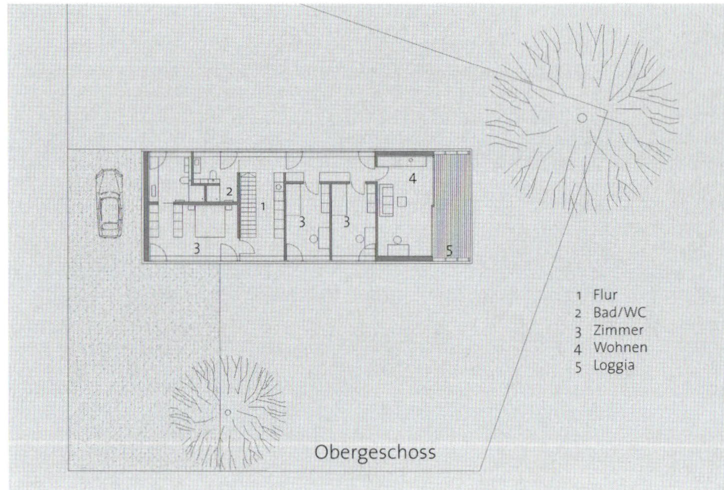

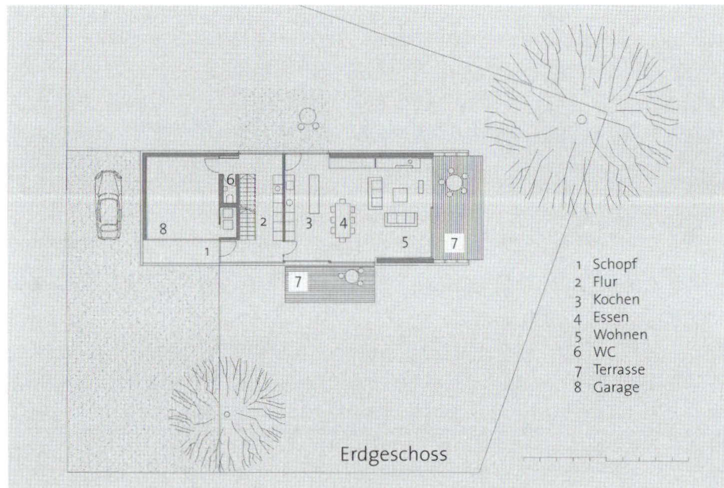

Oben Blick in das weiße Schlafzimmer mit dahinter liegendem Bad.

Ganz oben Blick vom Lese- und Ruheraum im Obergeschoss zur loggiaartigen Terrasse.

lebendige Unterbau. Schlafzimmer und Bad, die auf der oberen Ebene eine kleine Welt für sich bilden, kleiden sich ganz in lichtem Weiß: Einrichtungsdetails wie Laken und Bezüge, aber auch Waschtische und Wände fügen sich in die reine Reduktion der hellsten aller Farben.

Unten Bad und Schlafzimmer bilden ebenso einen gemeinsamen elterlichen Rückzugsbereich wie eine innenarchitektonische Einheit.

Oben Der große Wohnraum scheint nahtlos in den Garten überzugehen.

Baudaten

Standort	bei Diepoldsau (Schweiz)
Bauzeitraum	2006 (9 Monate)
Grundstücksfläche	761 m²
Wohnfläche	170 m² auf zwei Ebenen
Bruttorauminhalt	980 m³
Baukosten	keine Angaben

4 Rückzugsnest in den Baumwipfeln

Architektur: baumraum /Andreas Wenning, Bremen

Das Baumhaus: Traum aller Kinder – und Großen nicht minder! Denn die auf der ganzen Welt, von Europa bis Nord- und Südamerika verteilten Projekte des Architekten Andreas Wenning von baumraum zeigen, dass die Sehnsucht nach einem Refugium in luftiger Höhe nicht auf eine bestimmte Generation beschränkt ist. In diesem Fall entstand in einem parkähnlichen Garten in Norddeutschland ein geräumiges Einraum-Baumhaus mit dem vollen Wohnkomfort eines konventionellen Hauses, das von Kindern wie Eltern intensiv genutzt und manchmal sogar für geschäftliche Besprechungen verwendet wird.

Über eine drei Meter hohe Treppe ist vom Garten aus die untere „Wohnebene" in Gestalt der vorgeschalteten Terrasse mit Aussichtsplatz und Dusche zu erreichen. Eine zweite Treppe führt zwischen Magnolie und Tannen hinauf zu der einen weiteren Meter höher gelegenen Plattform, auf der das Baumhaus aufgelagert ist. Anders als das mehr schlecht als recht zurechtgezimmerte, bei Schlechtwetter eher unkomfortable Baumhaus der eigenen Jugend betritt man hier ein Miniatur-Chalet mit allen Finessen: Im Inneren ganz in Eiche gekleidet, ist der Raum auf drei Seiten mit urgemütlichen, wollfilzbezogenen Polsterbänken und wahren Kissenlandschaften

Oben Ansicht des Baumhauses von Nordosten mit dem Zugangsweg.

Rechte Seite Der komplett mit massiven Eichen-Brettern verschalte Innenraum bietet reichlich Entspannungsqualität und viel Stauraum unter den Bänken.

aufs Wohnlichste ausgestattet. Ferner sorgen eine fachgerechte Außenwanddämmung mit Winddichtung sowie eine eingebaute Heizung dafür, dass dieser Rückzugsort zu allen Jahreszeiten nutzbar ist. Eine höchsten Ansprüchen genügende Stereoanlage rundet das Ausstattungsprogramm ab. Der besondere Zauber dieses Projekts besteht nicht zuletzt darin, dass der Blick durch die Panoramascheiben vornehmlich Baumkronen und einen weiten Ausblick zeigt, was den Eindruck der Naturnähe noch wesentlich verstärkt. Damit das Bauwerk angesichts der nahen Bäume mit ihrem Laub- und Nadelfall eine möglichst lange Lebenszeit hat, sind die Unterkonstruktionen aus Stahl hergestellt, die Beläge und die Außenhaut des Baumhauses bestehen aus extrem witterungsbeständigem Tatajuba-Holz.
Ein perfekter Rückzugsort zwischen Bäumen – wie geschaffen zum Wohlfühlen.

Ansicht von Norden

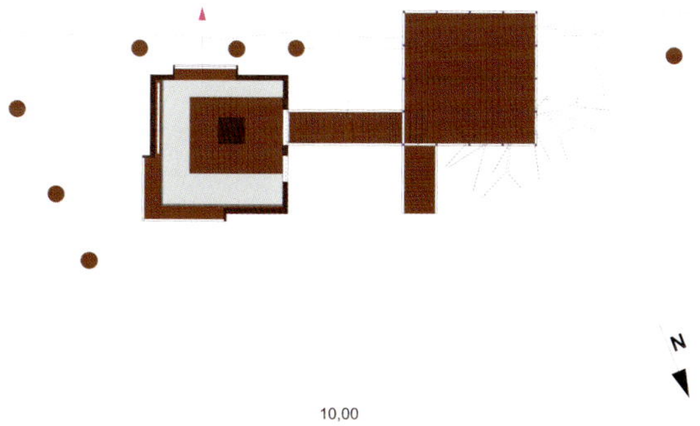

Lageplan

Ansicht von Süden

Linke Seite Blick von der Terrasse zum Eingang des Baumhauses.

Unten Blick auf die Terrasse und in den Garten.

Baudaten

Standort	Melle/Niedersachsen
Bauzeitraum	2007 (1 Monat)
Wohnfläche	12 m² (zuzüglich 14 m² Terrasse)
Bruttorauminhalt	30 m³
Baukosten	ca. 80 000 €

5 Kleiner Sommer-Bungalow mit Klasse

Architektur: beaufort architekten – Michael Smoly, Innsbruck (Österreich)

Genau auf die Hangkante gesetzt, thront der elegante Flachdachbau über dem Bachlauf, der Kühlung während der warmen Jahreszeit bringt und mit seinem beruhigenden Plätschern bei geöffneten Fenstern oder beim Aufenthalt im Freien ein natürliches Wellness-Element darstellt. Der Baumbestand der Aue bildet zudem einen angenehm ruhigen, grünen Hintergrund.

Das scheinbar über dem Terrain schwebende, perfekte Sommer-Domizil öffnet sich mit seiner Mitte zu einem Atrium, das gleichzeitig Ruhe- und Eingangsbereich ist. Die Öffnung Richtung Südosten bewirkt, dass die Terrasse und mit ihr das Innere des Hauses optimal belichtet werden. Infolge der eingeschossigen Bauweise erreicht auch die Sonne den Innenhof über eine lange Zeit des Tages – gerade in der Übergangszeit ein nicht hoch genug einzuschätzender Vorteil. Die großen Glasfassaden können aber auch mit sonnengelben Screens beschattet werden.

Das Atrium unterteilt das Gebäude in zwei Haupträume mit den Nutzungen Wohnen/Essen/Kochen und Atelier, sodass es gleichzeitig als eine Art Schleuse zwischen privater und beruflicher Sphäre wirkt. Der Übergang erfolgt niveaugleich und fließend. Der nordseitige Werkraum dient der

Oben Gesamtansicht der Eingangsseite mit dem mittigen Innenhof. Die gelben Screens sorgen für Sonnenschutz und bilden einen originellen Kontrast zum dunklen Braun der Fassadenplatten (MAX Exterior Compact natur).

Ganz oben Ansicht des Baukörpers mit der Hangkante.

Blick vom Atelier zur Terrasse.

Ausblick vom Wohnraum zum Atelier mit dem Innenhof. Die Beläge im Innenraum sind aus massiver, geölter Lärche, die aus regionalen Beständen stammt.

Tochter als Bildhauer-Atelier. Während man den Wohnraum mit maximaler Größe konzipierte, sind auf der dem Bach zugewandten Seite die klein gehaltenen Schlafbereiche und die Nasszelle untergebracht. So kann man sich auch vom ruhigen Plätschern in sanfte Träume begleiten lassen. Wenngleich für die warme Jahreszeit geradezu prädestiniert, ist das Gebäude durchaus auch in den Monaten Oktober bis März vollwertig zu nutzen. Dann eröffnen die großen Glasflächen

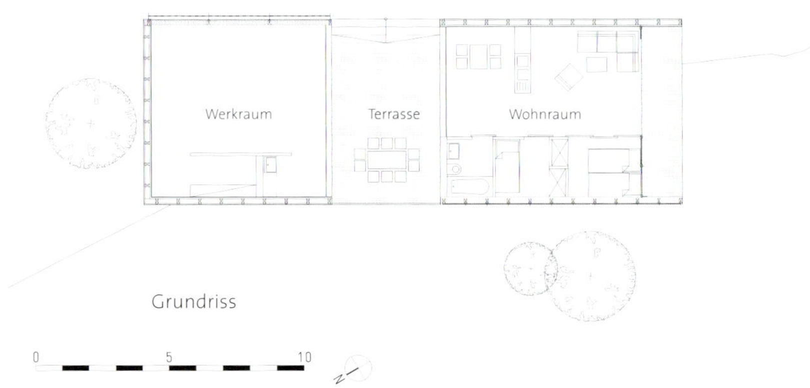

Grundriss

Blick in den Innenhof mit der als Empore ausgeführten Terrasse.

eine unmittelbare Verbindung zu der tief verschneiten, idyllisch unberührt erscheinenden Winterlandschaft.

So minimalistisch das Raumprogramm, so maximal ist das Wohnempfinden in diesem kleinen Haus mit direktem Naturkontakt. Der verdiente Lohn war die Auszeichnung mit dem renommierten Vorarlberger Holzbaupreis 2005.

Baudaten

Standort	Lochau/Vorarlberg (Österreich)
Bauzeitraum	2004–2005 (5 Monate)
Grundstücksfläche	ca. 4520 m²
Wohnnutzfläche	87 m² (zuzüglich 35 m² Terrasse)
Bruttorauminhalt	500 m³
Baukosten (gesamt brutto)	195 000 €

6 Idylle in Weiß, Holz und Farbakzenten

Architektur: Bembé Dellinger, Greifenberg

In bevorzugter Lage nahe dem oberbayerischen Ammersee gelegen, wirkt die aus drei Doppelhäusern gebildete Siedlung ebenso klar wie natürlich. Letzteres ergibt sich aus der auffallenden Außensicht aus sägerauen Brettern und dem erstaunlichen Zusammenwirken von Innen- und Außenraum. Das zweigeschossige Hauptgebäude und der davon etwas abgesetzte, eingeschossige Pavillon definieren zusammen mit einer halb transparenten Abtrennung zum Zufahrtsweg einen sehr ruhigen, fast kontemplativ wirkenden Innenhofbereich, der intensiv zum Entspannen und Wohlfühlen genutzt wird. Durch große, teils aufschiebbare Glasfronten bleiben die Blickbezüge zwischen drinnen und draußen sowie den beiden Baukörpern stets sehr unmittelbar.

Im Innern zeigt sich die Haushälfte der Familie Grau ungeachtet der begrenzten Wohnfläche als wahres Raumkunstwerk, zu dem die Architektur ebenso beiträgt wie die außergewöhnlich geschmackvolle Auswahl des Mobiliars. Der Dreiklang aus Weiß, mittelbraunem Eichenholz und dezent gesetzten mehrfarbigen Streifenakzenten im Wohnbereich sorgt für eine optimale Belichtungssituation und Wohnlichkeit gleichermaßen. Ein absolutes Highlight bilden

Oben Der Zugangsbereich mit dem separaten Eingang zum Garten-Pavillon.

Ganz oben Gartenansicht des Doppelhauses mit auskragenden Obergeschossen.

Blick vom Eingang in den Ess- und Kochbereich. Hinten links hinter Glas der überdachte Freisitz, rechts der Aufgang zum Sitzplatz. Der Esstisch aus Palisander und Chromstahl bildet eine perfekte Sixties-Design-Einheit mit den ebenfalls originalen Tulpenstühlen von Eero Saarinen. Perfekt passt dazu der ebenfalls aus Palisanderholz und Chromstahl gefertigte Musikschrank von Blaupunkt (wohl 1970er Jahre). Das Blockstreifen-Bild darüber stammt von der Künstlerin Helga Korger-Grimm.

dabei die um den Esstisch gruppierten, originalen Tulpenstühle von Eero Saarinen. In Weiß mit roten Sitzpolstern passen sie perfekt zu den weißen Baumwollvorhängen und dem Weiß des Raums, erhalten aber durch die Naturholzakzente gerade den „richtigen Schuss“ Erdigkeit.

Das Split-Level-Konzept mit der gegenüber dem Koch- und Essbereich erhöhten Sitzecke

Oben Sitzplatz mit gemauertem Kamin und Sofa von Rolf Benz (Teppich Spaghetti/Co-Design).

Rechte Seite Blick vom Wohnbereich zu Essplatz, Küche und Garderobe (links hinten). Rechts der Ausgang zum Garten. Die Küche mit Beton-Arbeitsplatte ist eine Schreinerarbeit nach den Plänen der Architekten. Die ebenfalls individuell geplante und gefertigte, offen-skulpturale Treppe besitzt wandseitig bündig eingelassene Leuchten.

bewirkt zusätzliche räumliche Spannung, eine dazwischen eingeschobene Wandscheibe schafft Privatheit ohne visuelle Abschottung. Auch der an die Wand geschobene Treppenblock stellt dem Blick keine Barrieren in den Weg, auf ein raumseitiges Geländer wurde konsequent verzichtet. Auf der oberen Ebene ist das Prinzip des offenen und doch wirkungsvoll zonierten Wohnens beim zusammengeschalteten Schlaf- und Badezimmer aufgenommen. Die Kinderzimmer ihrerseits sind durch in den Zwischenwänden untergebrachte Schlaf-Alkoven optimal genutzt und besitzen so nicht nur originelle, sondern auch kindgerechte Detaillösungen. Hier wie allenthalben im Haus treffen sich Helligkeit und Wohnlichkeit in kreativer neuer Fügung.

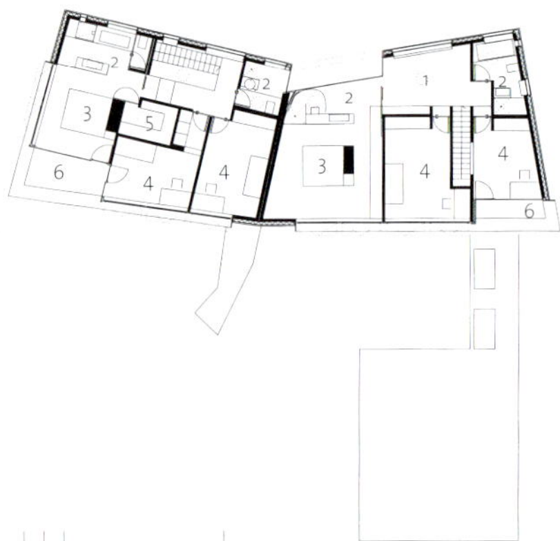

1 Büro
2 Bad
3 Eltern
4 Kind
5 Ankleide
6 Loggia

Obergeschoss

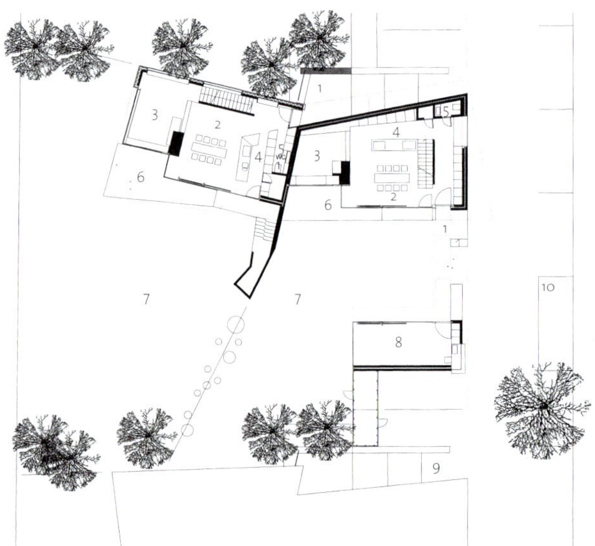

1 Eingang
2 Essen
3 Wohnen
4 Kochen
5 WC
6 Terrasse
7 Garten
8 Gartenzimmer
9 Carport
10 Fahrräder

Erdgeschoss

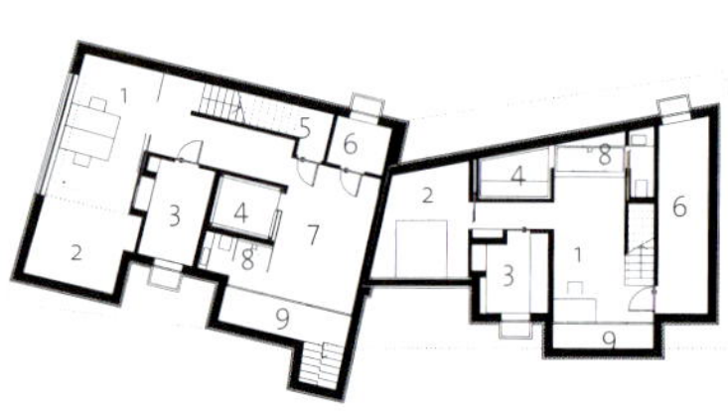

1 Büro
2 Gast
3 Hauswirtschaft
4 Sauna
5 Wein
6 Abstellraum
7 Fitness
8 Bad
9 Lichthof

Untergeschoss

Rechts Prima Idee: Die Schlafnische im Kinderzimmer mit Falttreppen-Leiter.

Linke Seite oben: Der von den Architekten entworfene, auskragende Badblock mit Platte und Becken aus Beton fungiert als visuelle Trennlinie zum Schlafzimmer. Die Armaturen sind von Dornbracht (Serie „MEM"). Rechts ein weißer Panton-Chair (Vitra).
Mitte Blick vom Eltern-Schlafzimmer zum Badbereich mit gläserner Rückwand.
Unten Eingangsbereich mit Blick auf die rückwärtige Schrank- und Küchenwand und die Tapetentüre zur Toilette.

Baudaten

Standort	am Ammersee/Bayern
Bauzeitraum	2004–2006 (24 Monate)
Grundstücksfläche	ca. 3050 m^2 gesamt
Wohnfläche Doppelhaus	ca. 181 m^2 auf zwei Ebenen
Bruttorauminhalt	ca. 820 m^3
Baukosten	ca. 380 000 €

7 Gezielt eingeblendet, gezielt ausgeblendet

Architektur: Bembé Dellinger, Greifenberg

Es ist eine nicht immer beherzigte Erkenntnis, dass die Orientierung eines Hauses auf dem Grundstück zu den wichtigsten planerischen Entscheidungen überhaupt zählt. Noch weniger tief im Bewusstsein verankert ist die Tatsache, dass das Wohnerleben davon entscheidend abhängt. Beim Bau des Hauses Hildebrand standen diese Überlegungen für die Architekten Felix Bembé und Sebastian Dellinger ganz oben auf ihrer Agenda.

Die große Parzelle bot mit dem vorhandenen alten Baumbestand, der nahezu vollständig erhalten werden konnte, beste Voraussetzungen für die Verortung des Hauses. Zwischen die mächtigen Kiefern, Birken, Linden und Ahornbäume förmlich nahtlos eingepasst, gibt sich das Haus auf seinen Längsseiten gegenüber der nahen Zufahrtsstraße und der Nachbarbebauung mit seiner grauen Fichtenschalung äußerst geschlossen, während im Süden und zum Garten hin zweigeschossige Transparenz herrscht. Auf der Eingangsseite „knickt" das Haus um alte Kiefern herum, nach Süden schafft ein größerer Bestand großer Ahornbäume und Birken ein parkartiges Umfeld – beste Voraussetzungen, um auf dieser Seite eine Glasfassade einzuplanen. Eine unter das Dach eingezogene Loggia im

Oben beide Die Eingangs- und Gartenfassade mit der grau lasierten Bretterschalung.

Rechte Seite Das Elternschlafzimmer mit über Eck gezogenem Fensterband und Ausblick ins Grüne.

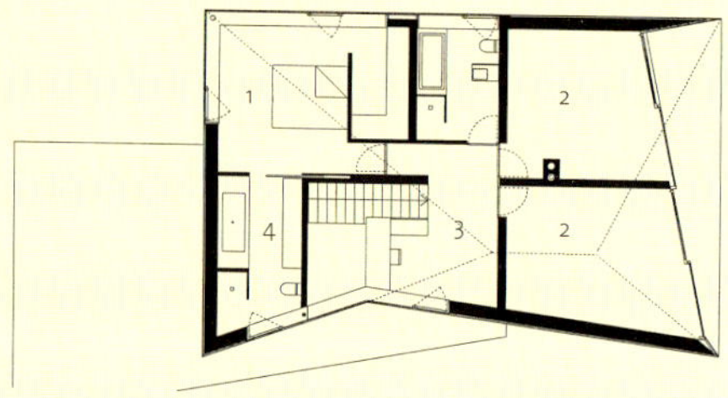

Obergeschoss

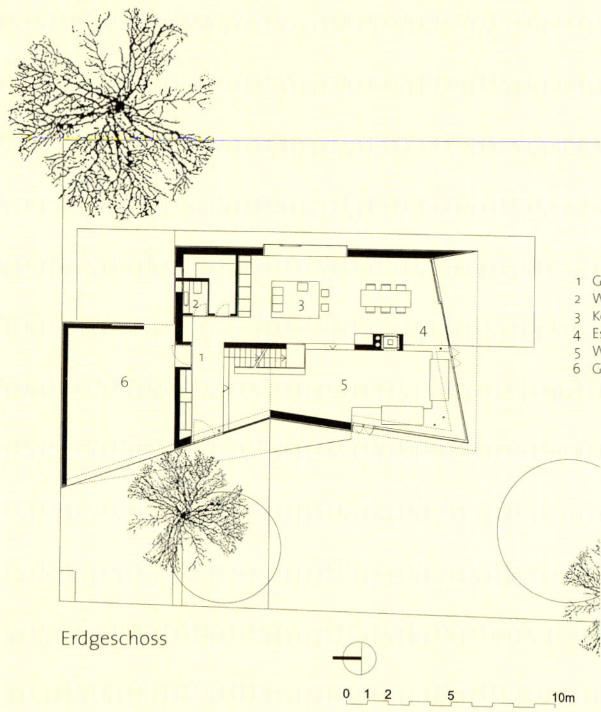

Erdgeschoss

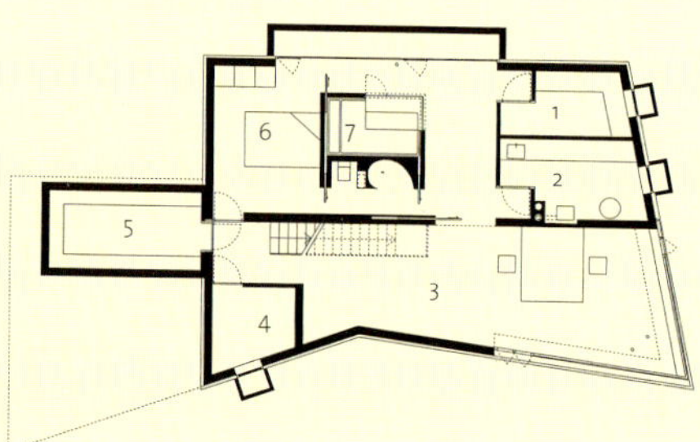

Kellergeschoss

Obergeschoss gewährt ihrerseits der ebenerdigen Terrasse darunter Schutz vor zu starker Sonne und vor schlechtem Wetter.

Im Innern erstreckt sich der Wohnraum vom Eingangsbereich im Grunde bis zur Glasfassade. Eine auch zur Aufbewahrung dienende, durch Beleuchtung effektvoll akzentuierte Treppen-Skulptur zieht den Blick gleichsam in den der Glasfassade zugeordneten Koch-, Ess- und Wohnbereich hinein. Wohn- und Essbereich haben gleichermaßen direkten Zugang zum Garten, wobei das Wohnen von einer großen Übereckverglasung nach Süden und Westen immens profitiert. Damit ist für reichlich Sonnenschein bis zum Abend gesorgt.

Nach oben wurde der Luftraum für die Unterbringung einer Arbeitsgalerie genutzt, von der es weiter in die Kinderzimmer und in den Elterntrakt mit Schlafzimmer, Ankleide und Bad geht. Intim belichtet und beleuchtet formen hier bandartige Fenster wunderschöne grüne Ausblicke.

Oben Küche und Küchenblock mit Arbeitsplatte aus Beton (Planung: Bembé Dellinger).

Ganz oben Arbeitsplatz auf der Galerie.

Rechts oben Die Bücher-Treppe fungiert als verbindendes Glied zwischen Eingangs- und Koch-Ess-Bereich. Rechts oben die Arbeitsgalerie.

Rechts ganz oben Blick vom Badezimmer zum Elternschlafzimmer. Der Waschtisch aus Beton ist von den Architekten geplant worden.

Baudaten

Standort	bei Gauting/Bayern
Bauzeitraum	2004–2005 (12 Monate)
Grundstücksfläche	893 m²
Wohnfläche	253 m² auf zwei Ebenen
Bruttorauminhalt	1140 m³
Baukosten	keine Angaben

8 Wohne lieber außergewöhnlich!

Architektur: Ulrich Brackhagen, Münster

Das kann doch nur ein Neubau sein? Die Familie Schröder und ihr Architekt Ulrich Brackhagen widerlegen diese Auffassung und beweisen, dass auch aus Umbauvorhaben wahre Raum-Kunstwerke entstehen können.

Die Aufgabe bestand darin, den zu knapp gewordenen Wohnraum des erst kürzlich umgebauten Hauses den Bedürfnissen einer fünfköpfigen Familie anzupassen. Dazu sollten noch Büroräume für die als Lehrerin beziehungsweise als Landschaftsarchitekt arbeitenden Bauherren bereitgestellt und vor allen Dingen eine neue gestalterische Komponente eingebracht werden. Das Wohn-gefühl sollte also nicht mehr vom Bedarf domi-niert werden, sondern es durfte gestalteter Freiraum entstehen.

Bei der Betrachtung des Endergebnisses ist zu konstatieren, dass dies ohne Einschränkung gelungen ist. Ausschlag-gebend hierfür war vor allem das Konzept des Architekten, den Bestand durch einen zwei-geschossigen Erweiterungsbau zu überwölben und dadurch im Innenraum nicht nur die Wohnfläche zu erweitern, sondern ein deutliches Mehr an Höhe wie auch an visueller Weite zu schaffen.

Oben Gartenansicht des Hauses bei Abendstimmung. Im Neubau oben das Elternschlafzimmer und die Räume der Kinder, unten der große Wohnraum, rechts der Ess- und Kochbereich. Die schwarzblauen Holzfenster bilden einen Kontrast zu den im Übrigen schmalen Profilen der Stahl-Aluminium-Fassade.

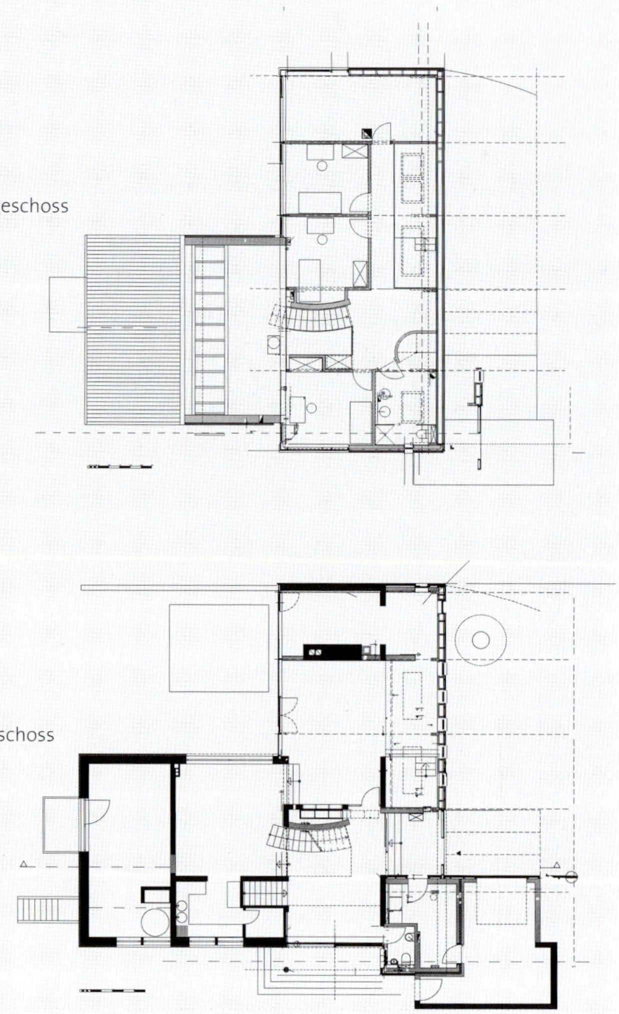

Oben Die gegenüber dem Wohnraum-Niveau eingetiefte „Lese-Kuhle" ist einerseits sehr gemütlich und profitiert andererseits von dem hier sehr hohen Luftraum.

Rechte Seite Blick durch den Wohnbereich zum Kamin. Im Hintergrund die Türe zum Büro der Bauherrin. Der Stabparkett-Belag aus Ahorn ist angenehm hell, sehr widerstandsfähig und nicht zuletzt ein Material mit hervorragendem Preis-Leistungs-Verhältnis.

Seite 41 Blick vom Wohnbereich im neu errichteten Teil des Hauses zum erhöhten Ess- und Kochbereich. Der Niveau-Unterschied ist ein innenarchitektonisches Mittel, um den großen Raumzusammenhang zu untergliedern. Die rot lasierten Wandscheiben bilden einen wirkungsvollen Blickfang und stellen mit den eingebauten Regalen zusätzlichen Stau- und Präsentationsraum zur Verfügung.

Bestand und Neubau wurden so geschickt zueinander geöffnet, dass der Übergang zwischen Alt und Neu fließend wird. Die Herstellung eines Raum-Kontinuums mit ineinander übergehenden Bereichen war ein wichtiges Anliegen der Planung. Mehrfach gestaffelte Niveaus strukturieren die Wohnzonen, Sichtbarrieren gibt es kaum. Am häufigsten hält sich die Familie am erhöhten Essplatz oder im hellen Wohnbereich auf, der durch die neue, zweigeschossige Glasfassade zum Garten stets taghell belichtet ist. Die Treppe zum Obergeschoss schwingt sich um einen roten Betonblock herum auf die durch Dachsheds

erhellte Galerieebene, wo sich Bad, Kinderzimmer und Elternschlafzimmer sowie ein kleiner zusätzlicher Arbeitsplatz befinden. Von dort blickt man direkt hinunter in die kunstvoll eingetiefte Schmökerecke, zum Sitzplatz am Kamin sowie zum Koch- und Essbereich. Ergänzt durch eine ausgesprochen hochwertige Detailgestaltung und Ausstattung mit hellen Ahornböden, dem gezielten Einsatz von Farbe und hochwertigem Mobiliar entstand so insgesamt ein ebenso komplexes wie erlebnisreiches Raum-Kunstwerk.

Seite 44 Die Wanne ist in einer Nische untergebracht und erinnert durch die Form der Treppe an eine Muschel. Stimmungsvolle Beleuchtung macht das Bade-erlebnis perfekt. Die als konstruktives und gliederndes Element eingesetzten, fertig angelieferten Brettschichtholz-Träger geben der Innenarchitektur Rhythmus und Struktur.

Seite 45 oben Die gläserne Fassade ist nicht nur ästhetisches Highlight, sondern öffnet auch das Haus als gleichsam transparente Membran zum Garten, zur Landschaft und zur Sonne, sorgt für eine hervorragende Belichtung und für hohe passive Wärmegewinnung. Eine kontrollierte Be- und Entlüftung mit Wärmetauscher sowie eine ökologische Einblas-Dämmung mit Zellulose optimieren den Energiehaushalt.

Seite 45 unten Drei der fünf Familienmitglieder am Esstisch.

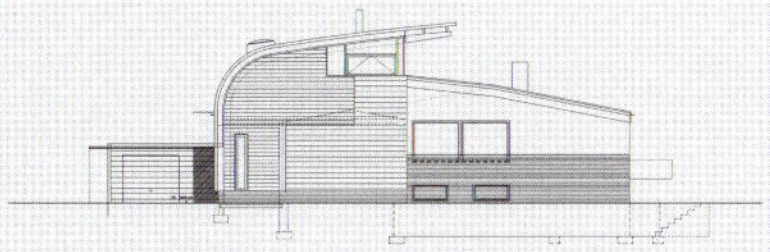

Ansicht West

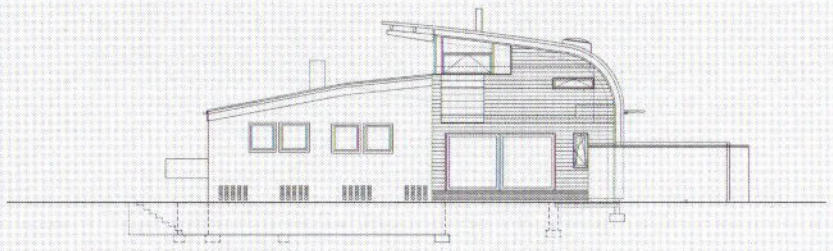

Ansicht Ost

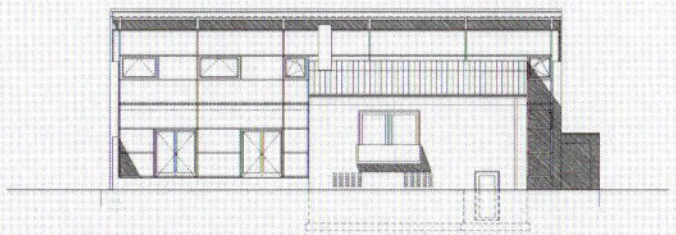

Ansicht Süd

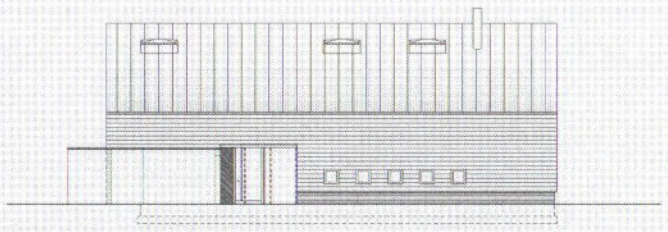

Ansicht Nord

Baudaten

Standort	Münster/Nordrhein-Westfalen
Bauzeitraum	1999 (11 Monate)
Grundstücksfläche	ca. 800 m^2
Wohnnutzfläche gesamt	340 m^2 auf drei Ebenen
Bruttorauminhalt	1393 m^3 (davon 760 m^3 Bestand, 633 m^3 Erweiterung)
Baukosten	keine Angaben

9 Hang-Domizil mit Traumblick auf den Bodensee

Architektur: Dalla Corte + Völkle Architekten, Ermatingen (Schweiz)

Lagen in unmittelbarer Nähe des Bodensees zählen in der Schweiz ohne Frage zu den begehrtesten Standorten für Wohnhäuser – insbesondere dann, wenn sie außerdem eine derart perfekte Seesicht und großzügiges Raumerleben bieten wie bei dem hier vorgestellten Beispiel.

Mit seiner großflächig verglasten Nordostseite orientiert sich das Haus zum Bodensee. Sowohl vom Wohnbereich als auch vom Essplatz und von der vorgelagerten Terrasse aus gesehen breitet sich der See panoramaartig vor dem Blick des Betrachters aus. Die hochtransparente Gestaltung der seeseitigen Fassade führt zusammen mit einer insgesamt sehr effizienten Lichtführung zu einem ganztags ausgesprochen lichten Innenraumeindruck, was angesichts der Orientierung zur Sonne alles andere als selbstverständlich ist. Die sorgfältige Auswahl und Platzierung des Mobiliars wie auch das zurückhaltende Farbkonzept mit dem Leitton Weiß tragen ihren Teil zur klaren, hellen Raumwirkung bei. Sitz- und Essgruppe wurden jeweils so postiert, dass der See stets im Blick liegt. Geplant gesetzte Fenster sorgen dafür, dass sowohl das Erdgeschoss als auch die Treppe von Süden und Osten her zusätzlich belichtet werden. Von außen erscheint die weiße Eingangsfassade

Oben Blick von der Terrasse über die Dächer des Orts auf den Bodensee.

Ganz oben Ansicht von Südosten mit dem Eingangsbereich und der Garage (ganz links). Die außenliegende Wärmedämmung des Gebäudes wurde verputzt und weiß gestrichen, im Eingangsbereich sind farbige Faserzementplatten eingesetzt worden.

Blick ins Wohnzimmer. Das Weiß der Wände und des Mobiliars bildet den geeigneten Hintergrund für das stimmungsvolle Beleuchtungskonzept und die Kunstwerke (Regal und Teppich von Interlübke).

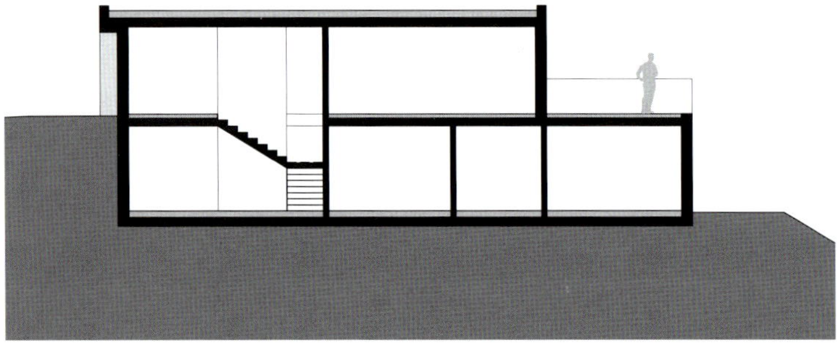

Schnitt

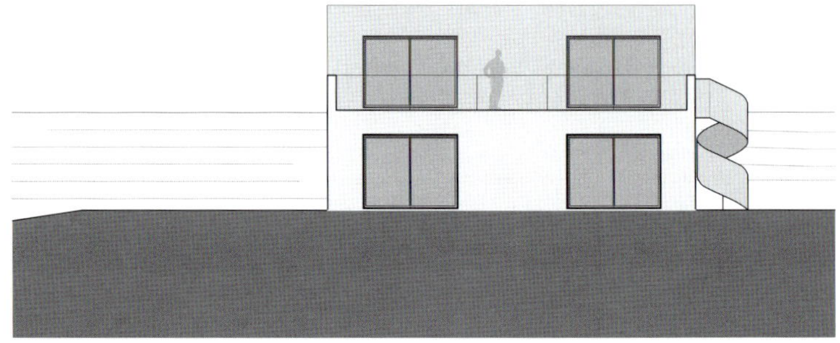

Ansicht Nord

Links Blick in den Essbereich mit Ausblick zum Bodensee. Bei der Hängeleuchte über dem Tisch handelt es sich um den modernen Klassiker „Titania" (Design: Alberto Meda und Paolo Rizzato).

Rechte Seite Blick durch den Wohnraum auf den Bodensee. Die Stehleuchte ist von Cini & Nils (Modell „Gradi").

sich in ihrer zurückhaltenden Breite und Höhe an das Gelände anzupassen.

Die Schlaf-, Büro- und Gästeräume im Untergeschoss sind transparent und hell, geben sich insgesamt aber als gegenüber dem Eingangsgeschoss gewollt introvertierteres Kontrastprogramm. Büro und Gästezimmer bieten einen direkten Zugang zum Garten mit dem geschützt zwischen Bambusbüschen angelegten Sitzplatz, der bei windigem Wetter gerne anstelle der Terrasse genutzt wird. Außerdem erreichen die Bewohner zu Fuß in zehn Minuten das Ufer des Bodensees.

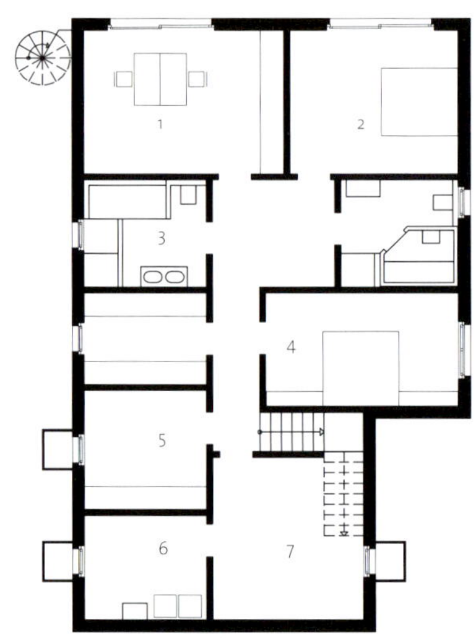

1 Büro
2 Gäste
3 Bad
4 Schlafen
5 Weinkeller
6 Technik
7 Keller

Untergeschoss

1 Diele
2 Garage
3 Kochen
4 Essen/Wohnen
5 Terrasse

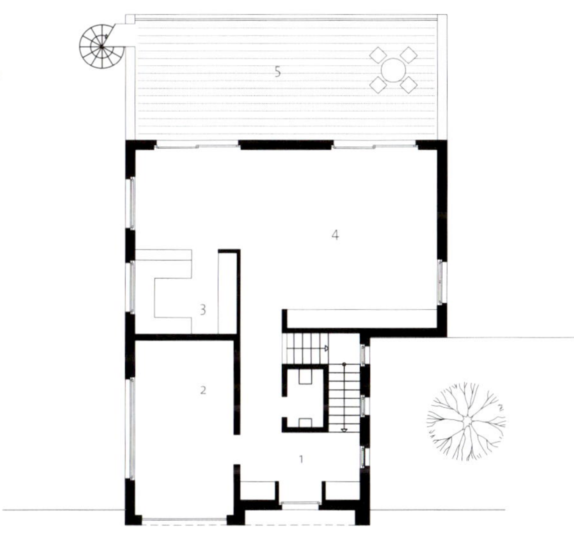

Erdgeschoss

Baudaten

Standort	bei Triboltingen/Kanton Thurgau (Schweiz)
Bauzeitraum	2006–2007 (6 Monate)
Grundstücksfläche	ca. 534 m^2
Wohnfläche	176 m^2 (zuzüglich 38 m^2 Terrasse)
Bruttorauminhalt	1108 m^3
Baukosten	keine Angaben

10 Ein höchst wohnliches Loft-Haus

Architektur: Singer Planung und Gestaltung, Dalla Corte + Völkle Architekten, Ermatingen (Schweiz)

An den Hängen nahe dem Bodensee errichtet, erhebt sich das Haus der Familie Aleksic-Holzinger drei Geschosse hoch über der Straße. Kubisch eindeutig und mit gekonntem Rekurs auf die klassische Moderne greift das Gebäude mit einer kühnen Balkonbrücke zum See hin aus.

Gesamtansicht der Seeseite. Blickfang des klassisch modernen Gebäudes ist der zum See hin auskragende Balkon.

Im Eingangsgeschoss wird geschlafen, unten im Hangschoss sind Garage und Nutzräume untergebracht. Der eigentliche Mittelpunkt des Hauses ist jedoch die oberste Ebene mit ihrer weitgehend offenen Struktur, die einen sagenhaften loftartigen Raum mit Koch-, Ess- und Wohnbereich entstehen lässt. Wo in anderen Häusern vielleicht eine gewisse Kälte aufkäme, ist hier das Gegenteil der Fall: Der als Block ausgeführte Grundofen gibt nicht nur wohlige Wärme ab, sondern trägt auch zur gemütlichen Wohnatmosphäre bei und gliedert gleichzeitig den Raum, sodass Wohnen und Essen als eigene Funktionsbereiche erlebbar werden. Der am Ende des Raums angeordnete Wohnbereich, in dem sich die Eltern und ihr kleiner Sohn bevorzugt am Abend aufhalten, wird durch ein mit Wollfilz bezogenes Sofa geprägt.

Die allseitig großzügige Befensterung lässt keine dunklen Ecken entstehen und daher Enge

Blick durch den Wohn- und Essraum in die Küche. Der Kamin mit seiner großen Feuerstelle besitzt zur Wand hin eine integrierte Holzlege, die in unbefülltem Zustand eine reizvolle Sichtbeziehung herstellt. Der Boden ist in Loft-Manier bewusst pur und rau gehalten: Es handelt sich um versiegelten Estrich mit eingestreuten Graupigmenten.

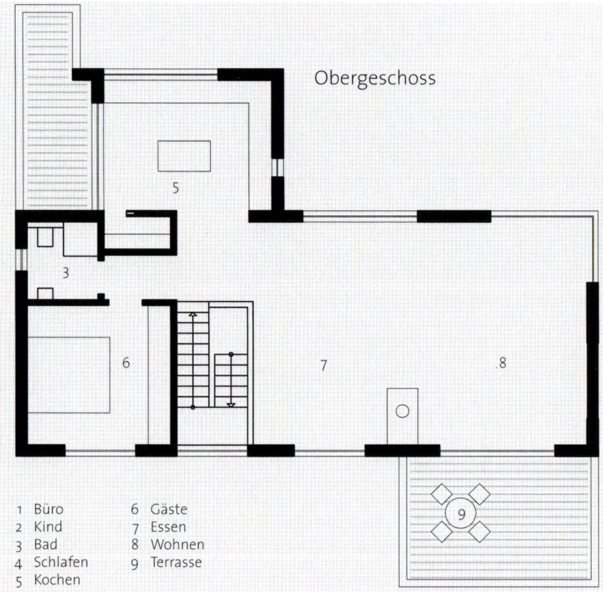

1 Büro
2 Kind
3 Bad
4 Schlafen
5 Kochen
6 Gäste
7 Essen
8 Wohnen
9 Terrasse

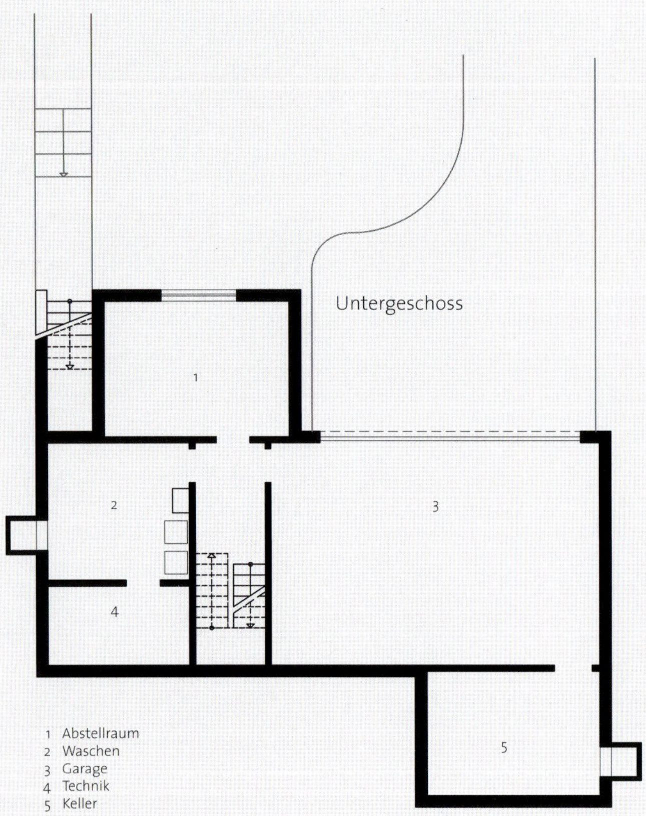

1 Abstellraum
2 Waschen
3 Garage
4 Technik
5 Keller

Linke Seite Vater und Sohn in der Sitzecke.

Oben Blick durch den Raum. Rechts die Treppe zu den unteren Geschossen.

und Tristesse gar nicht erst aufkommen. Hell eingefärbter Estrich und weiße Wände wirken als perfekte Reflektoren und multiplizieren auf diese Weise noch die Lichtwirkung. Im Sommer orientiert sich die dreiköpfige Familie wieder aus ihrem Loft-Kokon in Richtung Garten und zur großen Dachterrasse, die direkt von der Küche aus zu erreichen ist.

Baudaten

Standort	Landschlacht/Kanton Thurgau (Schweiz)
Bauzeitraum	2006 (7 Monate)
Grundstücksfläche	776 m^2
Wohnfläche	231 m^2 auf drei Ebenen (zuzüglich 24 m^2 Terrasse)
Bruttorauminhalt	1226 m^3
Baukosten	keine Angaben

11 Gewölbe und Glasfassade: neues Leben im Bauernhaus

Architektur: Deppisch Architekten, Freising

Bauernhäuser leben von ihrer besonders warmen Atmosphäre, den jahrhundertealten Steinmauern, Deckenbalken und der ausgewogenen Fassadengestalt – in diesem Punkt werden sich die Liebhaber traditioneller Bausubstanz einig sein. Und wenn dann, wie beim Haus der Familie Haslberger geschehen, auch noch spannende neue Architekturelemente und eine zeitgemäße Belichtung hinzukommen, ist das Wohnerlebnis eigentlich perfekt.

Um 1900 errichtet, befindet sich der Hof in Alleinlage am Rand einer größeren Ortschaft. Wohnhaus, Stall und Scheune entstanden als Dreiseit-Anlage um einen großen Innenhof. Zusammen mit dem Architekten Michael Deppisch entschied man sich dafür, den Wohnteil, den Stall und Teile der Scheune fürs Wohnen umzubauen. Die vielleicht anspruchsvollste Aufgabe dabei war, die Gestalt des Hofs im Grunde beizubehalten, aber doch ein optimales Wohnambiente entstehen zu lassen. Dies ist mit einer neuen Firstverglasung, modern gestalteten Gauben und der kompletten Verglasung des Westgiebels eindrucksvoll gelungen.

Die mittlerweile malerisch von Blauregen überwachsene Glasfassade sorgt für eine wunder-

Oben Die westliche Giebelseite ist großflächig verglast und mittlerweile auch schon mit einem wunderschönen Fassadenbewuchs versehen. Ein Sitzplatz auf der Terrasse ist der direkt dahinter gelegenen Küche mit Essbereich zugeordnet und auf kurzem Weg zu erreichen.

Rechte Seite Der Ess- und Kochbereich profitiert von den großen Deckenhöhen und ist der Lebensmittelpunkt des Hauses. Auf den Balken ist der Beginn des Erschließungsgangs zu sehen, der sich durch das gesamte Obergeschoss zieht.

volle Belichtung der „Koch-Stube", die beim Umbau bis unter den First geöffnet und mit einer Galerie versehen wurde. Die Holzböden, die alten Balken, die Fronten der Küche und der Essplatz mit dem antiken Tisch wachsen bei Sonnenschein zu einem einzigen honigfarbenen Stillleben zusammen. Ein neuer Steg durchläuft das gesamte obere Geschoss und erschließt alle Zimmer. Von verschiedenen Warten ergeben sich immer neue Durchblicke zwischen den Geschossen. Teils als äußere Zimmerverkleidungen eingefügte Plexi-Stegplatten lassen das durch die Firstverglasung

Oben Antiker Esstisch mit reizvoller Patina vor dem Kachelofen. Die Fenster bieten einen Ausblick zum Hof. Die alten Balken werden zum Trocknen von Blumen und Kräutern benutzt.

Linke Seite oben Kinderzimmer im Obergeschoss mit zusätzlicher Galerie-Ebene.
Unten Sonnenstrahlen als Wegweiser: Blick vom heutigen Wohnbereich im Gewölbe des frühren Stalls zum „Flez“ und zur Küche.

Seite 59 oben Ausblick von der Küche zur westseits gelegenen Terrasse, in den Garten und in die Landschaft der Hallertau.
Unten Die alte, rustikale Sitzbank vor der warmen Südwand wird von allen Familienmitgliedern gern genutzt.

eingestrahlte Licht in die Zimmer des Obergeschosses dringen, ohne direkte Einblicke zu ermöglichen.

Eine lange Rampe, die die Küche und den großen Wohnraum im ehemaligen Stall verbindet, lenkt bei entsprechendem Sonneneinfall die Strahlen wie durch ein Brennglas bis unter das Kreuzgewölbe. Die perfekte Lichtführung ist bei diesem Haus eines der wichtigsten Instrumente, um die wertvolle Substanz mit neuer, erstaunlicher Helligkeit und Wohnlichkeit zu versehen.

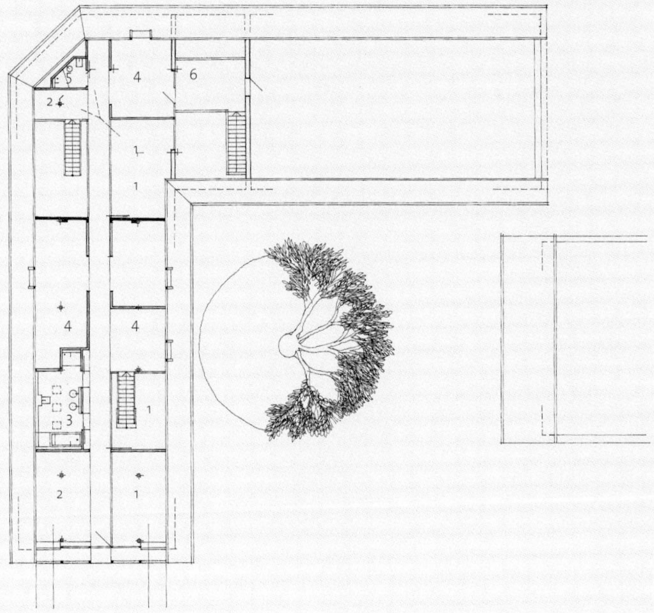

Dachgeschoss

1 Luftraum
2 Galerie
3 Bad/WC
4 Schlafen
5 Dusche/WC
6 Podest

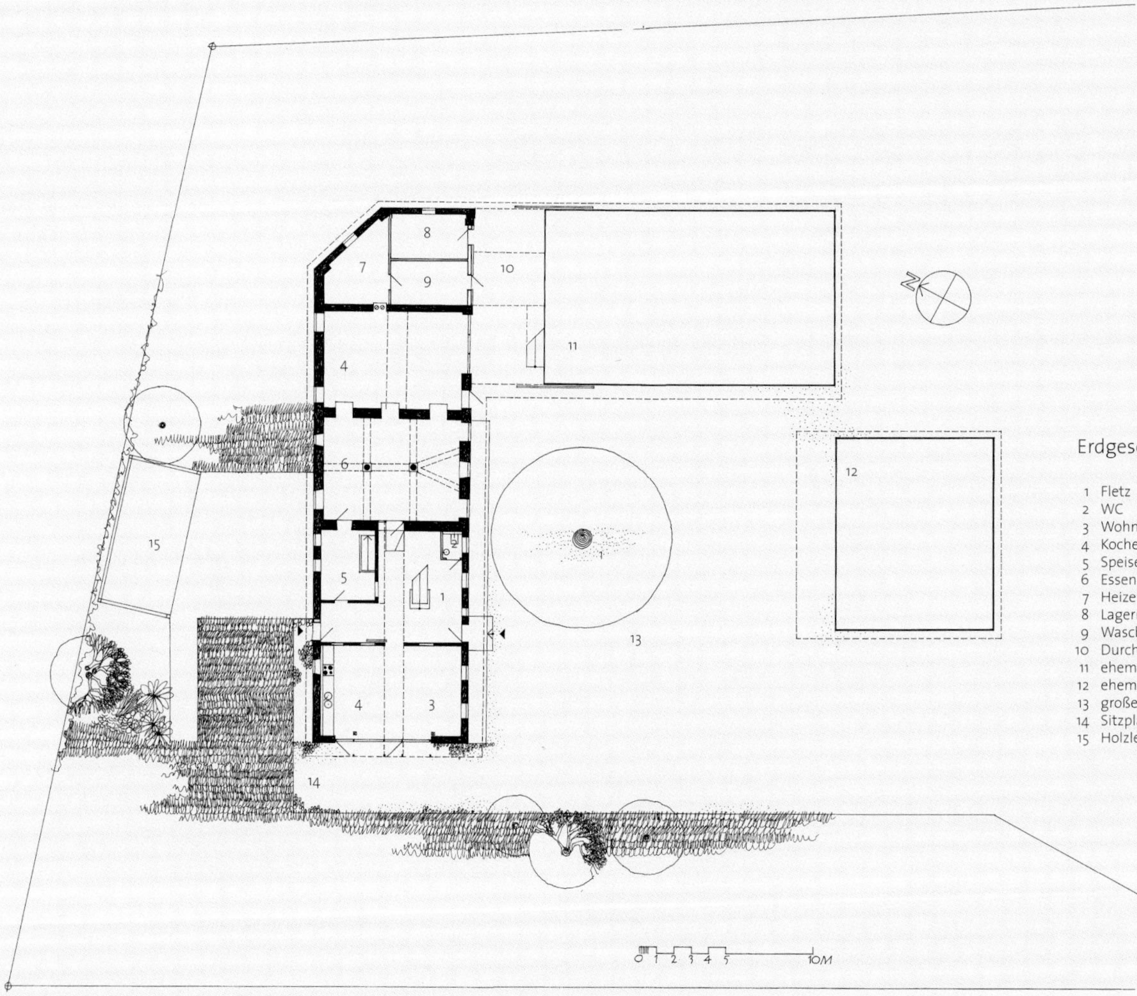

Erdgeschoss

1 Fletz
2 WC
3 Wohnen
4 Kochen
5 Speisekammer
6 Essen
7 Heizen
8 Lagerraum
9 Waschen
10 Durchgang
11 ehemalige Scheune
12 ehemalige Gerätescheune
13 großer Hof
14 Sitzplatz
15 Holzlege

Baudaten

Standort	Hallertau/Bayern
Sanierungs- und Umbauzeitraum	1996–1998 (26 Monate, in Etappen)
Grundstücksfläche	13 670 m²
Wohnfläche	287 m² auf zwei Ebenen inklusive Dachgalerien (120 m² vor der Sanierung)
Bruttorauminhalt	1600 m³
Sanierungs- und Umbaukosten	keine Angaben

12 Ein revitalisierter Hof als Ruhepunkt

Architektur: Deppisch Architekten, Freising

In einem noch sehr unberührten Teil des bayrischen Alpenvorlands gelegen, scheint sich das von Anbeginn als Christophhof bekannte Anwesen seit seiner Erbauung im Jahr 1907 kaum verändert zu haben. Doch der äußere Anschein trügt: Vor einigen Jahren fand das zuvor leer stehende Bauernhaus neue Besitzer, die seine Qualität zu schätzen wussten, ihm sein altes Gesicht zurückgaben und gleichzeitig neues Leben einhauchten. Die traumhafte Alleinlage mit weitem Wiesen- und Bergblick mag für die Bauherren bereits ausschlaggebend für ihre spontan entflammte Liebe gewesen sein. Man fasste den Entschluss, hier ungeachtet allen baulichen Aufwands den persönlichen Rückzugsort für sich und die ganze Familie zu schaffen.

Der Hof besitzt die für die Region typische eingadige Struktur mit Wohngiebel und einem daran unter einem gemeinsamen First anschließenden Wirtschaftsteil, der wiederum in den aus Tuffstein errichteten Stall im Erdgeschoss und die in Holzkonstruktion erstellte Tenne im Obergeschoss unterteilt war. Während die Raumaufteilung des Wohntrakts mit gemeinsamer Stube, Bädern, Eltern-, Kinder- und Gästezimmern nur behutsam angepasst worden

Oben Das neue Lärchenholz-Deck verbindet den Innen- und Außenraum. Bei schönem Wetter spielt sich das Leben überwiegend zwischen Terrasse und Garten ab.

Ganz oben Gesamtansicht der hangseitigen Süd-West-Fassade.

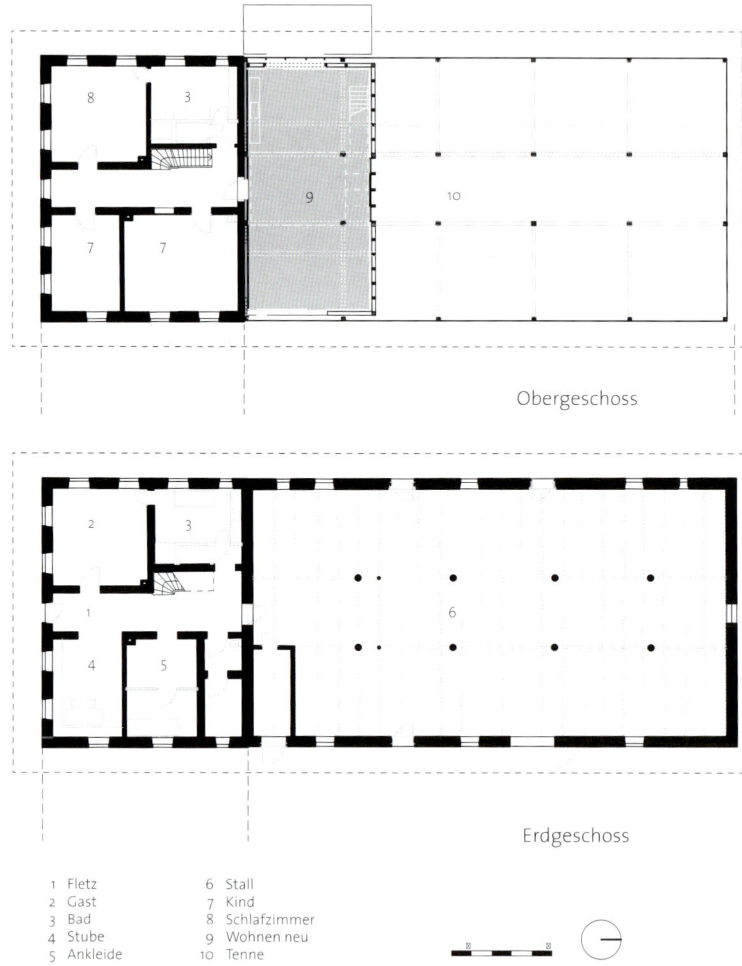

Oben Blick von der 3,50 Meter hohen Galerie zur Kaminecke und Terrasse.

Seite 61 Blick über den Esstisch (Modell „Bigfoot" von E15) durch den gesamten neuen Wohnraum in der Tenne. Eine Stahltreppe führt hinauf zu der mittig platzierten Galerie, die zusätzliche Fläche schafft und das Raumgefühl doch unbeeinträchtigt lässt.

ist, erhielt ein Teil der Tenne ein völlig neues Innenleben in Gestalt einer eingestellten Holzständerkonstruktion, in der sich der offene Wohn-, Ess- und Kochraum mit der darüber liegenden Galerieebene befindet. Die verglaste Box lässt Blicke in alle Richtungen zu, wobei der direkte Ausblick in die erhaltene Tennenstruktur besonders spannend ist.

Wesentliches Ziel der Innenarchitektur war es, die alte Substanz wie etwa das vorher verputzte, mithilfe vieler Nachbarn freigelegte Natursteinmauerwerk und die Tragkonstruktion der Tenne zu erhalten und wieder in den Vordergrund zu rücken. Moderne Materialien wie Stahl und Glas für die Galerie treten in eine spannungsreiche Wechselwirkung mit dem Alten und verstärken gerade dadurch dessen Wertigkeit. Die unter mehreren Schichten vorgefundenen, drei Zentimeter starken Holzdielen sind teils erhalten, teils durch wundervolle Jurakalk-Platten ersetzt worden. Die ausgebauten Exemplare finden sich allerorts als Material für sondergefertigtes Mobiliar – sei es als filigranes Ablageboard oder als grau-blau lasierte Füllungen des Küchenkorpus.

Bei diesem Beispiel ist die Gestalt und die Atmosphäre des alten Gehöfts erhalten und im wahrsten Sinne restauriert worden, zugleich aber wurden spektakuläre, zeitgemäße Räume für die perfekte Entspannung geschaffen.

Rechts Blick vom Wohn- zum Essbereich mit der Galerie. Der Dielenbelag bildet die natürliche Grundlage. Rechts im Bild ein mit einem Rentierfell bedeckter, filigraner Entspannungs-Sessel (Lounge Chair von fjordfiesta). Das Sofa mit Leinenbezug ist von Flexform.

Unten Die im alten Wohnteil des Bauernhauses untergebrachten Bäder zeichnen sich durch eine sichere Mischung bodenständiger Materialien mit geradlinigen neuen Elementen aus.

Ganz unten Die Familie auf der Terrasse vor dem neu ausgebauten Scheunenbereich.

Baudaten

Standort	Landkreis Garmisch-Partenkirchen/Bayern
Ursprüngliche Erbauungszeit	1907
Sanierungs- und Umbauzeitraum	2004–2005 (13 Monate)
Grundstücksfläche	ca. 4 ha
Wohnnutzfläche gesamt	309 m² auf drei Ebenen
Bruttorauminhalt	984 m³ (ausgebauter Bereich)
Baukosten	keine Angaben

13 Klare Schale, warmer Kern

Architektur: Deppisch Architekten, Freising

Exakte und formal-konsequent geplante Zeugen zeitgemäßer Architektur gelten gern einmal als kalt oder „ungemütlich“, in denen es sich nicht angenehm wohnen ließe. Das Haus von Martin Eibl widerlegt derlei Vorurteile auf überzeugende Weise, indem es seine auf geometrische Grundformen reduzierte weiße Hülle mit einem höchst einladenden Innenleben füllt.

Erste Zutat dieser spannenden Mischung ist zunächst einmal die Außen und Innen verbindende Leitfarbe Weiß, die sowohl den Baukörper als auch alle Räume sehr hell und einladend macht. Die optimale Belichtung verdankt sich in starkem Maße den großen Glasflächen auf der Südseite, die den saalartigen Wohn-, Ess- und Kochraum selbst an bedeckten Tagen wie einen riesigen, lichten Wintergarten erscheinen lassen. Durch den warmen, charakteristischen Ton des Eichenparketts wird eine angenehme Grundlage fürs Wohlfühlen geschaffen. Außerdem eröffnen große Glasschiebetüren die Möglichkeit, sich ungehindert zwischen Drinnen und der holzgedeckten Terrasse zu bewegen, somit also gleichsam den Raum in den Garten hinein zu erweitern. Bei Kälte oder auch einmal in der Übergangszeit heißt es dann „Schotten dicht“ und sich lieber mit einem Glas Wein am

Oben Gesamtansicht des Hauses von Südosten mit der vorgelagerten Sonnenterrasse.

Rechte Seite Blick vom Essbereich bis zum Kamin mit der in die Wand integrierten Holzlege (Essgruppe von Fa. Holzschmiede/Modell „Kraftwerk“).

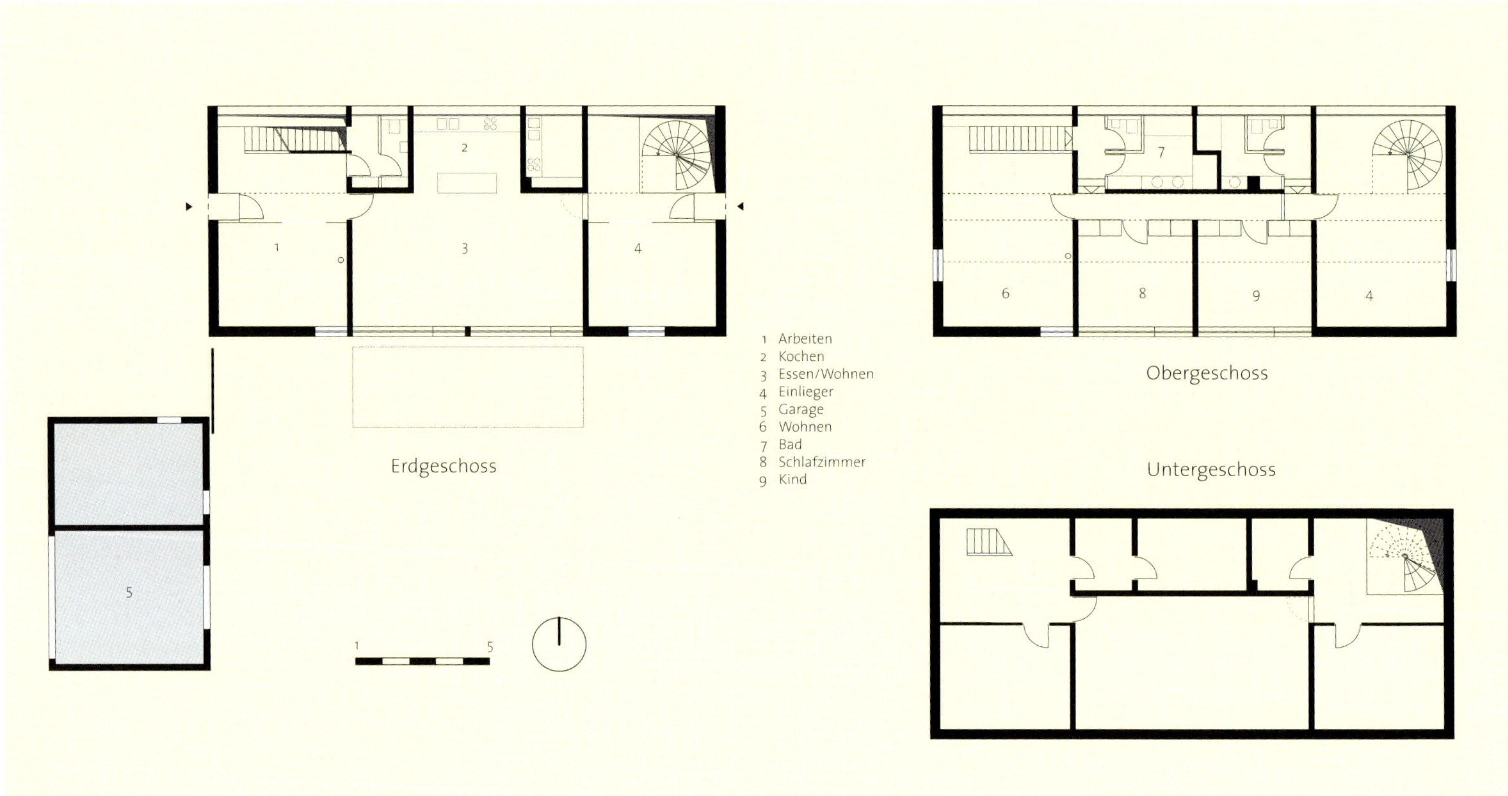

prasselnden Kaminfeuer wärmen. Liegen aus Strohgeflecht dienen der perfekten Entspannung, ansonsten speist der Hausherr zusammen mit seiner Lebensgefährtin und gemeinsamen Freunden gern am großen Esstisch, dessen warme Holzmaserung sich perfekt ins Ambiente einfügt.

Nicht zuletzt profitieren alle Räume von dem vielfach angewandten und gelungenen Kunstgriff, durch den gezielten Einsatz von Verglasungen und entsprechende Lichtführung ganztags immer neue Effekte und Belichtungssituationen zu erzeugen. Beispielhaft sei hierfür die Verglasung beim Eingangsbereich genannt, die die eigentlich sachliche Betontreppe am Nachmittag zu einem wundervollen Lieblings-Aufenthaltsplatz macht. Das Bad in der Wanne wird erst dadurch zum perfekten Wellness-Erlebnis, dass ein darüber angeordnetes langes Fensterband ein Landschaftspanorama mit Ausblick zur nahen Bachaue schafft. Apropos Ausblick: Blickbeziehungen haben beim Haus von Martin Eibl auch sonst eine besondere Bedeutung, denn das spannungsreiche Spiel von offenen und separierten, privateren Wohn-bereichen eröffnet dem Blick stets aufs Neue reizvolle Raumwahrnehmungen. Sichtbarrieren sind durch filigrane Ausführung von Bauteilen beziehungsweise durch den Einsatz von Glas – etwa bei der Büroabtrennung im Parterre und der Galeriebrüstung im Obergeschoss – bewusst vermieden, um den großartigen Raumeindruck zu intensivieren.

Oben Die hoch transparente Südwest-Fassade holt die Sonnenstrahlen weit ins Haus herein.

Links Blick vom Essplatz zur nach Maß gefertigten Küche (www.holzdesign-eibl.de).

Unten Sonniger Leseplatz auf der Treppe beim Eingangsbereich.

Baudaten

Standort	bei Erding/Bayern
Bauzeitraum	2006 (9 Monate)
Grundstücksfläche	1560 m²
Wohnfläche	240 m² auf zwei Ebenen (inklusive westseitiger Einliegerwohnung)
Bruttorauminhalt	1730 m³
Baukosten	keine Angaben

14 Ein Stadthaus mit viel Atmosphäre

Architektur: Dura Architekten, Markkleeberg

Restflächen in großstädtischen Siedlungsbereichen gehören zu den beliebtesten Baugrundstücken überhaupt. Ihre Vorteile liegen auf der Hand: Neben der Nähe zu gewachsener Infrastruktur und Verkehrsverbindungen lockt viele Bauherren nicht zuletzt die Nachbarschaft mit oft hochwertig saniertem historischem Baubestand. Auch die Familie Krumbügel konnte sich eine solche Parzelle im Süden Leipzigs sichern. Ihr Stadthaus entstand als außergewöhnliches Doppelhaus an der Stelle eines nicht mehr sanierungsfähigen Kutscherhauses im Hinterhofbereich. Der kostbare städtische Grund und die bestehenden Nachbarhäuser gaben die mit etwa 7 x 7 Metern recht begrenzte Grundfläche vor, auf der aber durch eine geschickte Grundrissgestaltung auf drei Wohnebenen ein im Eindruck sehr großzügiges Stadthaus entstand. Satinierte Glaswände und -schiebetüren erhalten die Transparenz, können bei Bedarf aber auch geschlossen werden und lassen dann zwar das Licht, jedoch keine direkten Blicke hindurch.

Dem warmen Rotton der Fassade entspricht die Farbgebung des Wohnbereichs im Erdgeschoss: Wohntextilien in Gestalt von Vorhängen und Teppichen, der Sofaüberwurf und nicht zuletzt die Bezüge der beiden alten Kinostühle beim Ofen tauchen das Ambiente in ein äußerst vorteilhaftes

Oben Ansicht des Hauses (links) auf der Garten- und Zugangsseite. Die Eingänge für beide Haushälften befinden sich unter dem Zwischenbau.

Rechte Seite Blick durch den Koch- und Essbereich nach Süden.

Oben Der vom Kaminbauer errichtete Grundofen beheizt nahezu das gesamte Erdgeschoss und bildet den stimmungsvollen Mittelpunkt des Wohnraums. Ausgemusterte Kino-Stühle sind perfekt in das rote Farbthema eingefügt.

Unten Blick in das Elternschlafzimmer. Rechts die aus satiniertem Glas hergestellte Schiebetüre, die in geöffnetem Zustand den Raumzusammenhang als Ganzes erlebbar macht.

Licht, das selbst bei bedecktem Himmel und kalter Außentemperatur eine kleine, gemütliche Wohnwelt für sich schafft. Die Wandscheibe der Treppe nimmt das warme Rot gleichsam mit nach oben. Im Elternschlafzimmer treten helle Holztöne und Wohntextilien in pastelligen Farben an die Stelle des vorherrschenden Leittons, wobei in diesem Fall die gezielt gesetzte Beleuchtung eine äußerst angenehme Atmosphäre erzeugt.

Der für ein Stadthaus erstaunlich großzügig bemessene Garten bildet eine Einheit mit der Terrasse und dem Wintergarten, der

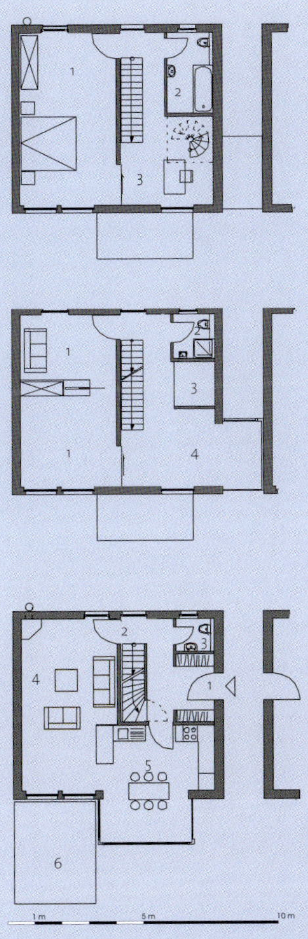

Dachgeschoss

1 Schlafen
2 Bad
3 Arbeiten

Obergeschoss

1 Kind
2 Bad
3 Luftraum
4 Spielen/Flur

Erdgeschoss

1 Eingang
2 Diele
3 WC
4 Wohnen
5 Kochen/Essen
6 Terrasse

Überzeugende Farb- und Lichtstimmung: Blick vom Sitz- zum Essbereich im Erdgeschoss.

mit der Essgruppe aus klar gearbeitetem Naturholzmobiliar das warme gestalterische Motto des Wohnbereichs aufnimmt. Dieser Essplatz ist, da direkt der Küche zugeordnet, nicht nur sehr praktisch platziert, sondern avancierte dank der erstaunlichen Helligkeit untertags schnell zum allgemeinen Lieblingsplatz der Familie. Am Abend trifft man sich dann im Sommer gern auf der Terrasse, im Winter versammeln sich die Familienmitglieder eher um den angenehm wummernden Kaminofen im „roten Salon". Insgesamt also ein Stadthaus für jede Wohn-Gelegenheit!

Baudaten

Standort	Leipzig
Bauzeitraum	2006 (10 Monate)
Grundstücksfläche	257 m²
Wohnfläche	132 m² auf drei Ebenen (zuzüglich 39 m² Dachterrasse)
Bruttorauminhalt	580 m³
Baukosten	keine Angaben

15 Ein Wohn-Kokon im Stall

Architektur: Linn Evert, Hamburg

Viel wurde in den letzten Jahren über die „neue Innerlichkeit" in Sachen Wohnen gesprochen und geschrieben. Der Begriff „Cocooning" ist in diesem Zusammenhang häufig gefallen, wenngleich er auch nicht immer zutreffend verwendet wurde. Ein überzeugendes Beispiel für einen perfekten Wohn-Kokon stellt der kleine, von der Innenarchitektin Linn Evert umgebaute frühere Stall auf dem ostholsteinischen Land dar. Hinter wunderschönem, altem Ziegel-Mauerwerk entstand auf zwei Ebenen ein wahres Wohn-Refugium mit viel Atmosphäre. Die sehr behutsame Modernisierung des Erscheinungsbilds tat dem Ergebnis sichtlich gut und versetzt die Bewohner in die Lage, sich bei allem zeitgemäßen Komfort aufs Wohligste „einzuigeln".

Die frühere Nutzung als Wirtschaftsgebäude mit entsprechend wenigen denkmalwürdigen Elementen bot die Chance, das Innere als durchgängigen Zusammenhang zu interpretieren, ohne historisch wertvolle Einbauten entfernen zu müssen. Dennoch war es ein zentrales Anliegen der Planung, vorhandene Bauteile so weit wie möglich zu erhalten und zu sanieren – so etwa die Dachdeckung, das Mauerwerk und die Balken. Der Sitzplatz befindet sich ebenso wie der Koch-/Essbereich und das Kinderzimmer im Erdgeschoss

Oben Außenansicht mit dem Eingangsbereich und den großen Hortensien-Büschen, die einen blühenden Saum ums Haus bilden. Die alten Stalltüren wurden größtenteils erhalten, abgeschliffen und neu gestrichen.

Rechte Seite Blick von der Dachgalerie in den Wohnbereich. Der in Anthrazit eingefärbte Estrich lässt die alte Nutzung nachvollziehen.

Ansicht Nord/Ost

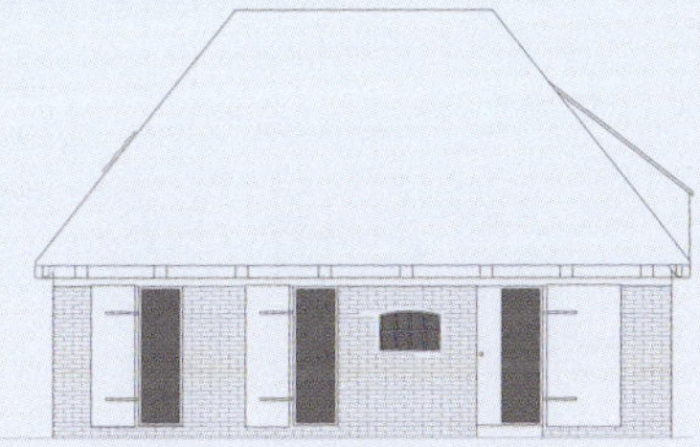

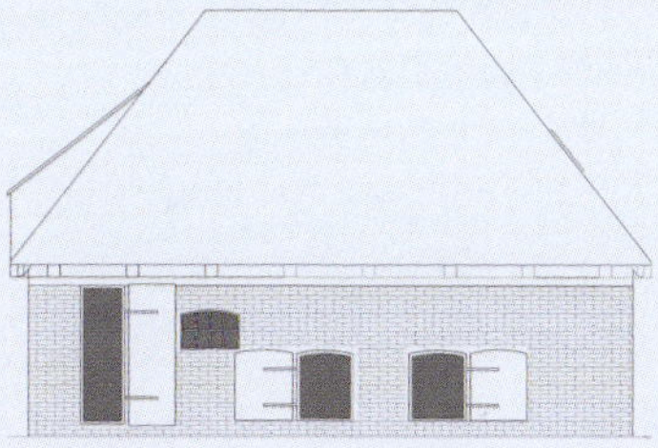

Ansicht Süd/West

Blick von der Küche in den Wohnraum. Die punktuelle Beleuchtung besteht aus Wandleuchten mit Porzellanfassungen (bei Manufactum).

Die Falttreppe aus geölter Eiche mit Aufbewahrungsfunktion führt zwischen den Balken hinauf zur Schlafgalerie.

und bietet nach draußen einen weiten Blick in die ostholsteinische Weidelandschaft, nach oben einen freien Blick vorbei an jahrhundertealten Balken zur Schlafebene und zum First. Der offene Raumeindruck wird vom unauffälligen weißen Treppenblock mit Stauraum-Funktion nicht gestört, sondern vielmehr wirkungsvoll akzentuiert. Die Schlafgalerie lebt von dem beim Umbau neu verlegten, geölten Eichenparkettboden, der sparsamen Ausstattung und den wohl gesetzten Belichtungsöffnungen, die im Dachraum wie auch im übrigen Haus zusammen mit der warmen Beleuchtung höchst angenehme Lichtstimmungen erzeugen.

Das sehr gelungene Wohnrezept lautete hier, auf kleinem Raum größtmögliches Wohlfühlen durch die Harmonie alter und neuer Elemente sowie durch die Reduktion auf wenige wichtige Gestaltungsdetails zu erreichen: ein echter „Hingucker" im Stillen.

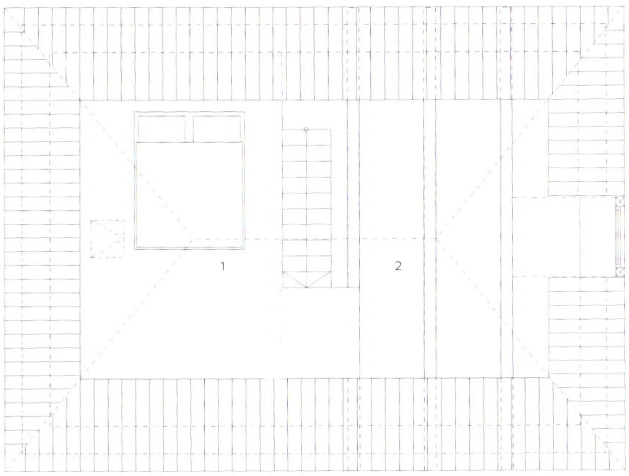

1 Eltern
2 Luftraum

Dachgeschoss

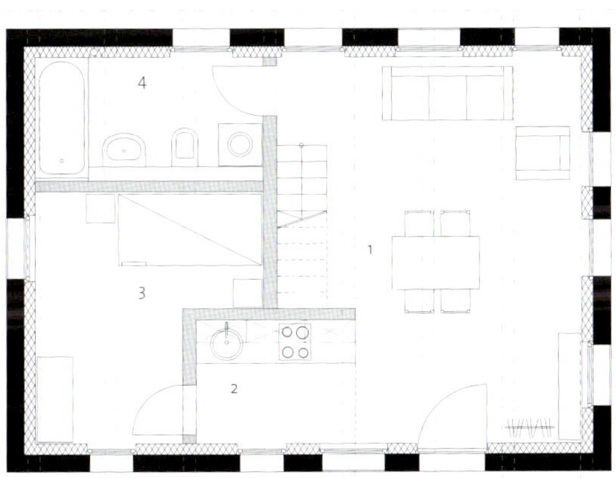

1 Wohnen/Essen
2 Kochen
3 Kind
4 Bad

Erdgeschoss

Oben rechts Auf der Schlafgalerie: Die Balken sind weiß lasiert, um die Maserung des Holzes durchscheinen zu lassen. Der Boden wurde mit fußwarmem Eichenparkett belegt und geölt.

Baudaten

Standort	bei Lensahn/Schleswig-Holstein
Ursprüngliche Erbauungszeit	1898
Sanierungs- und Umbauzeitraum	2005–2006 (8 Monate)
Grundstücksfläche	6000 m² (gesamte Hofanlage)
Wohnfläche	48 m² auf zwei Ebenen (zuzüglich 18 m² Terrasse)
Bruttorauminhalt	212 m³
Sanierungs- und Umbaukosten (gesamt brutto)	74 800 €

16 Ein Fischerhaus als Rückzugsort

Architektur: Gregor Fuchshuber und Partner, Leipzig

Das ehemalige Heim eines Fischerkapitäns nahe der Ostseeküste avancierte vor einigen Jahren zu einem traumhaften Feriendomizil. Erhöht errichtet auf einer Warft, die das Gebäude früher vor Hochwasser schützte, ist das denkmalgeschützte Anwesen der Mittelpunkt eines weitläufigen Gartens. Dessen naturnahe Gestaltung mit Sonnenblumen und Obstbäumen trägt seinen Teil dazu bei, das in traditioneller Weise mit Reetdach gedeckte Anwesen in die Landschaft einzubetten.

Die hohen architekturhistorischen Wertigkeiten und der Denkmalcharakter sind bei der Sanierung erhalten und in Teilen erst wieder herausgearbeitet worden: Die vermutlich in der zweiten Hälfte des 19. Jahrhunderts erbaute Backstein-Kate war im Lauf der Zeit häufig und nicht immer sachgerecht umgebaut worden, sodass ein Teil der historischen Ausstattung und die ursprüngliche Raumorganisation vor Beginn der Sanierungs- und Umbaumaßnahmen großenteils verschüttet waren. Heute zeigt sich der Grundriss gegenüber dem Urzustand nur mehr leicht verändert, die meisten nachträglich eingezogenen Trennwände sind verschwunden. Die südseits gelegenen Zimmer sind im vorhandenen Zuschnitt erhalten geblieben, die alte Küche wurde mit dem Esszimmer und den Nebenräumen zu einer neuen,

Oben beide Blick auf die Gartenseite mit dem angebauten Wintergarten. Das Gebäude wird eins mit dem weitläufigen, naturhaft angelegten Garten und der umgebenden Boddenlandschaft.

Der Salon mit dem schwedischen Kachelofen (von Skan Wood, Modell „Allmoge“).

großen Essküche zusammengelegt und ein neues Wohnzimmer entstand im früheren Stall. Die alte baufällige Veranda auf der Ostseite ist durch einen neuen Wintergarten ersetzt worden, der sich in den Materialien und der Fassadengestalt an die Vorgaben des Bestands anlehnt und den Innenraum nach draußen öffnet. Hier wird mit Blick auf den Garten zusammen gegessen, wann immer die Familie ihre Wochenenden und Ferien an der Ostsee verbringt. Neue

Oben Die Küche mit dem Essplatz dient als zentraler Treffpunkt der Familie. Ein gusseiserner Ofen sorgt im Winter für wohlige Stimmung. Die Stühle sind Designklassiker von Arne Jacobsen (Modell „3107", bei Fritz Hansen).

Rechte Seite Wohnraum im ehemaligen Stallgebäude. Die weiß gestrichene Holzkonstruktion ist sichtbar gehalten.

Terrassen und Freisitze schaffen zudem ideale Aufenthaltsmöglichkeiten für sonnige Stunden.

Anstelle teils vorgefundener Kunststofffenster erhielt das Fischerhaus von den Architekten im Detail neu gezeichnete Holzsprossenfenster, die so unterteilt sind wie die Exemplare der Erbauungszeit. Wunderschöne, kassettierte Holzfensterläden vervollständigen das wiederhergestellte Gesicht des Hauses.

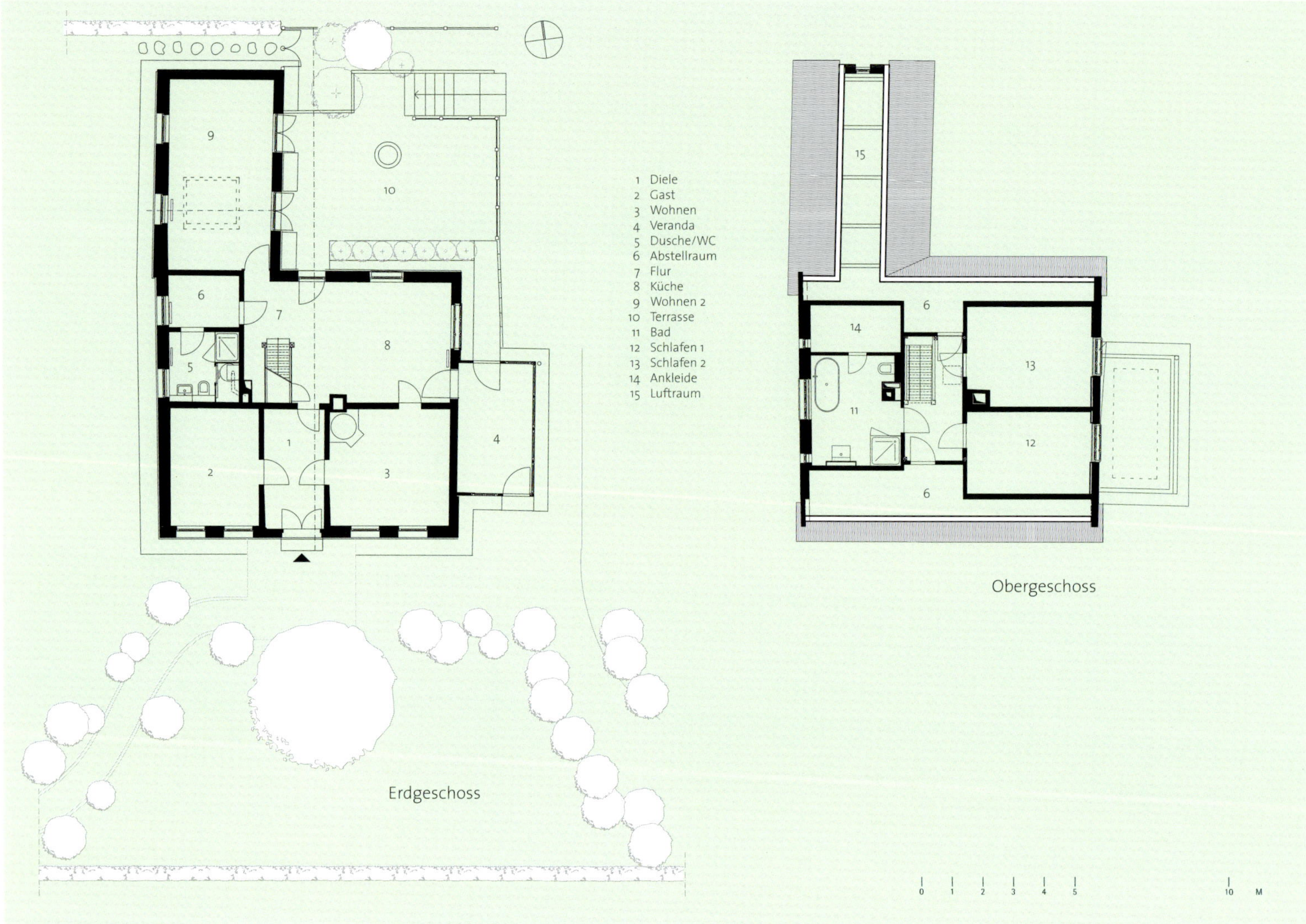

Links und rechts Badezimmer mit frei stehender Wanne und WC im Obergeschoss (Wanne: Modell „Nexion“ von Villeroy & Boch, Waschbecken Keramag, Modell „Starck 3“, Fliesen Villeroy & Boch).

Oben Aufgang zu den Schlafräumen unter dem Reetdach. Die Treppensituation mit integrierter Aufbewahrungskammer wurde bewahrt, die Oberflächen sorgfältig erneuert.

Oben rechts Blick durch den Wohnraum im ehemaligen Stall.

Baudaten

Standort	an der Ostsee
Bauzeitraum	2002–2003 (7 Monate)
Grundstücksfläche	2000 m²
Wohnfläche	150 m² auf zwei Ebenen
Bruttorauminhalt	660 m³
Baukosten	keine Angaben

17 Traditionell und wohltuend klar

Architektur: Fuchshuber und Partner, Leipzig

In einer bevorzugten Wohngegend im Umfeld Leipzigs sollte ein neues Wohnhaus für eine junge Familie entstehen, das sich behutsam in das vorhandene bauliche Umfeld einfügt. Es handelte sich dabei um die Bestandsgebäude eines historischen Gutshofs, die gleichsam Pate für das neue Wohnhaus standen. Dass die Architekten unter anderem ausgewiesene Fachleute für denkmalgerechte Sanierungen sind, kam der Genauigkeit und der formalen Perfektion des Entwurfs sehr zugute. Im Unterschied zu manchem unglücklich historisierenden Neubau stimmt hier jedes Detail – und vor allen Dingen auch der Wohnkomfort.

Gemäß den bestehenden historischen Gebäuden ringsum ist das Haus als verputzter Massivbau mit Mansardendach und Krüppelwalm ausgeführt. Auf den beiden Traufseiten sind mittig Quergiebel eingefügt, die zusammen die Erschließungsachse vom Haupt- zum Garteneingang bilden. Die Fenstergrößen orientieren sich in Zuschnitt und Gliederung an historischen Vorgaben, besitzen insbesondere nach Süden, zur Gartenseite hin jedoch zeitgemäße größere Abmessungen. Dies tut nicht nur der Innen-Außen-Beziehungen gut, sondern sorgt auch für reichliche Belichtung der Innenräume und eine

Oben Gartenansicht des Hauses.

Rechte Seite Sitzgruppe am Kamin mit Blick auf die Bibliothek. Die hier durchgehend verlegten, massiven Eichenholzdielen unterstreichen den wohnlichen Charakter des Raums.

Erwärmung in der kälteren Jahreszeit. So entstand ein zwar an Vorbildern orientiertes, aber eigenständiges, formal wohltuend klares und in den Materialien authentisches Gebäude. Massive Eichendielenböden mit Holzunterkonstruktion finden sich in den Wohnräumen, historischen Vorbildern nachempfundene Zementfliesen aus Manufakturfertigung zieren Küche, Gästebad und Eingangsdiele. Ein großer Kamin mit Sandstein-Einfassung bildet den Mittelpunkt des großen Wohnraums, der zusammen mit Koch-/Essbereich, Gäste- und Arbeitszimmer, Gästebad sowie Wirtschaftsräumen im Erdgeschoss organisiert ist. Darüber sind Elternschlafzimmer, Kinderzimmer und zugehörige Bäder untergebracht.

Oben Großzügiger Koch-/Essbereich mit unmittelbarer Anbindung zum Wohnraum.

Rechte Seite Den Mittelpunkt des Wohnerlebnisses bildet der Wintergarten mit der direkt zugeordneten Terrasse.

Die Ausstattung der Innenräume zeichnet sich durch eine äußerst gelungene Mischung aus hochwertigem traditionellem Mobiliar und nach den Plänen der Architekten entworfenen, sehr geradlinigen Einbauten aus – so insbesondere in den Bädern und in der Küche. Statt platter Nostalgie kommt es hier also zu einem äußerst spannungsreichen und fruchtbaren Aufeinandertreffen unterschiedlicher Gestaltungsansätze auf höchstem Niveau.

Oben beide Schlafzimmer und Bad im Obergeschoss.

Rechte Seite links Entree mit Gästebad im Erdgeschoss. Beim Bodenbelag handelt es sich um Zementfliesen von VIA.
Rechts Der Essbereich in der Küche.

Unten Essplatz mit Kaminfeuer.

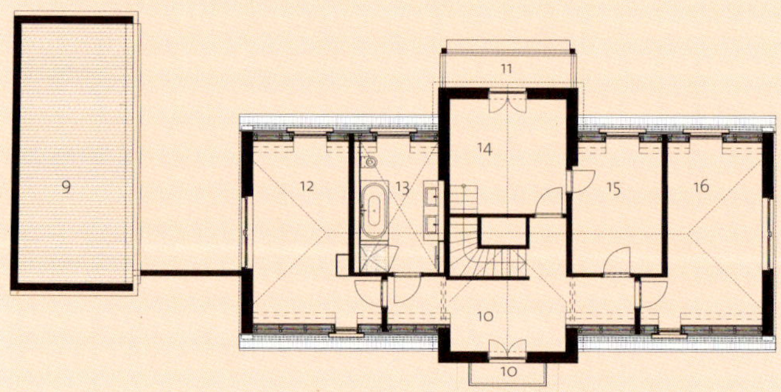

Obergeschoss

1 Diele
2 Garderobe
3 Gast/Arbeiten
4 Wohnen
5 Abstellraum
6 Dusche/WC
7 HWR
8 Kochen/Essen
9 Garage
10 Galerie
11 Balkon
12 Kind 1
13 Bad
14 Schlafen
15 Ankleide
16 Kind 2

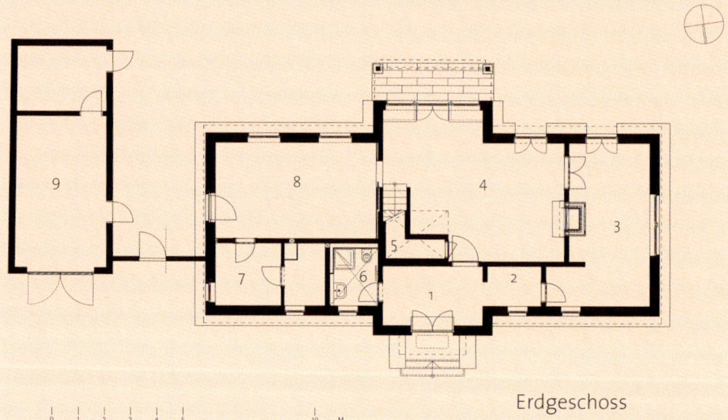

Erdgeschoss

Baudaten

Standort	bei Leipzig
Bauzeitraum	2004–2005 (9 Monate)
Grundstücksfläche	800 m²
Wohnfläche	200 m² auf zwei Ebenen
Bruttorauminhalt	853 m³
Baukosten	keine Angaben

18 Ein Haus umgeben von Bäumen

Architektur: Sebastian Geiger, Pless

Drei Geschosse hoch ragt das Haus der Familie Walser mit seinem Südwestgiebel über das abfallende Gelände auf. Ringsum stehen hohe Bäume, die zum Auenbestand und Grünsaum des am Hangfuß verlaufenden Bachs gehören. Diese direkte Nachbarschaft nutzt die Architektur optimal aus, indem sie sich mit verglasten Flächen insbesondere nach Süden und Westen der Natur und dem Licht zuwendet. Die transparente Architektur und die ökologische Bauweise nimmt die Natur gleichsam mit ins Haus hinein.

Während sich im unteren Geschoss zum Wohnen und als Büro genutzte Räume mit direktem Zugang zum Garten und zur Terrasse befinden, stellt die darüber liegende Eingangsebene den Mittelpunkt des täglichen Familienlebens dar. Essen, Kochen und Wohnen sind hier auf vergleichsweise kleinem Raum, aber mit sehr großzügiger Wirkung zusammengefasst. Ein Grundofen fungiert als einziger Raumteiler und erzeugt vor allen Dingen angenehme Wärme, was in der Übergangszeit sonstige Heizquellen komplett überflüssig macht. Beste Antiquitäten und moderne Klassiker fügen sich in das überzeugende naturfarben-weiße Farbkonzept ein. Die Verglasung des westlichen Hausecks öffnet den Blick auf die Bäume und in

Oben Eingebunden in das stark abfallende Gelände und den alten Baumbestand befindet sich der ökologische Holzskelettbau am Rand des schwäbischen Dorfs.

Rechte Seite Blick durch den Wohnbereich. Links die Treppe in das untere Geschoss. Die konsequente Verwendung von heimischem Massivholz für Tragkonstruktion und Innenausbau schafft ein wohngesundes Raumklima und eine höchst angenehme Wohnstimmung. Im Wohn- und Essbereich sind geölte Fichtendielen, im Gang Tonklinker verlegt.

Blick durch Essbereich und Küche Richtung Eingangsbereich. Links der Kaminofen mit gemauerten Nachheizflächen. Die Küche ist in Buche massiv und Edelstahlfronten ausgeführt. Die in Naturton gehaltenen, geölten und weiß gestrichenen Holzpartien sowie Wandflächen (Farbe von Leinos) schaffen Wohnlichkeit und Klarheit zugleich, jeglicher Hüttencharakter wird durch diesen raumgestalterischen Kunstgriff vermieden.

Ausblick durch den Essbereich Richtung Westen in die Talauen. Hier lassen die großen, über Eck geführten und über zwei Geschosse reichenden Glasflächen die Nähe zur Natur am unmittelbarsten erfahren. Der frei bleibende Luftraum verbindet das Hang- und das Erdgeschoss und verstärkt die Großzügigkeit des Raumgefühls.

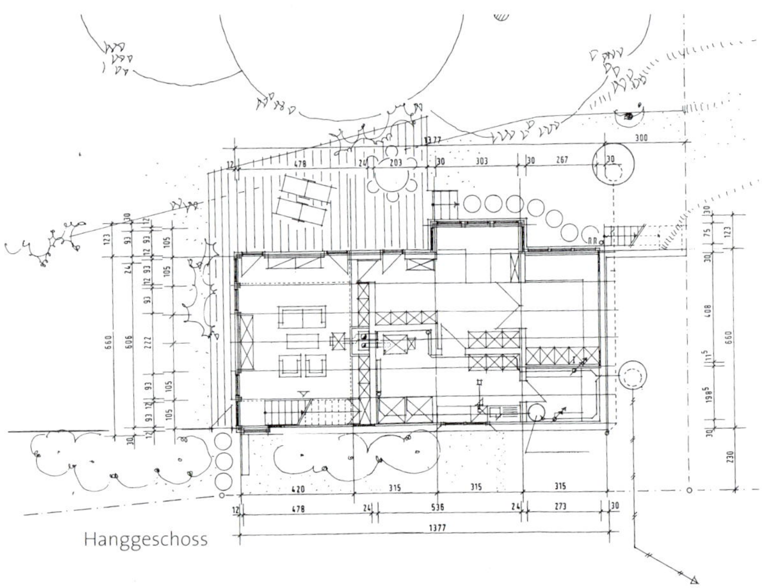

Hanggeschoss

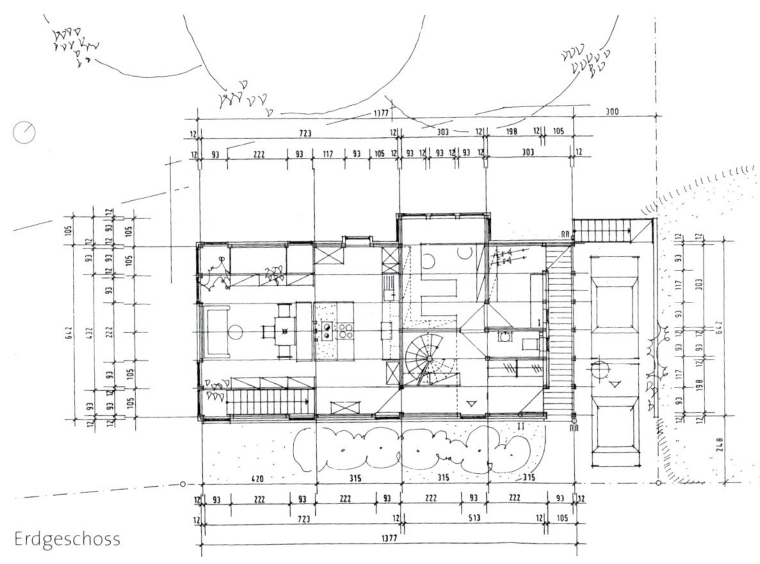

Erdgeschoss

die Landschaft, der mehrgeschossige Luftraum lässt den Wohn-, Ess- und Kochbereich im Erdgeschoss wie eine Galerie wirken. Ganz oben unter dem Dach sind die Bereiche der Eltern und Kinder untergebracht. Und auch hier gibt es dank der großen Firsthöhen noch reichlich Kopffreiheit. Die großen Kinderzimmer sind beide auf der Südwestseite angeordnet und fangen durch ihre Eckverglasungen Sonnenstrahlen aus verschiedenen Himmelsrichtungen ein.

Innen und außen eng mit der Natur verbunden, bietet diese unprätentiöse Haus seinen Bewohnern höchste Wohnqualität, die sich dank der verwendeten diffusionsoffenen Materialien aus nachwachsenden Rohstoffen (Holzweichfaserplatten, eingeblasene Zellulose und Schafwolle) auch auf das Wohnklima angenehm auswirkt. Hier wird es nie dampfig feucht, sondern es bleibt immer angenehm temperiert. Ein Wohlfühl-Haus wie aus einem Guss!

Die Kinderzimmer unter dem Dach bieten Offenheit und Geborgenheit. Die große Giebelverglasung nach Westen holt Sonne herein und rückt die Natur ganz nah heran.

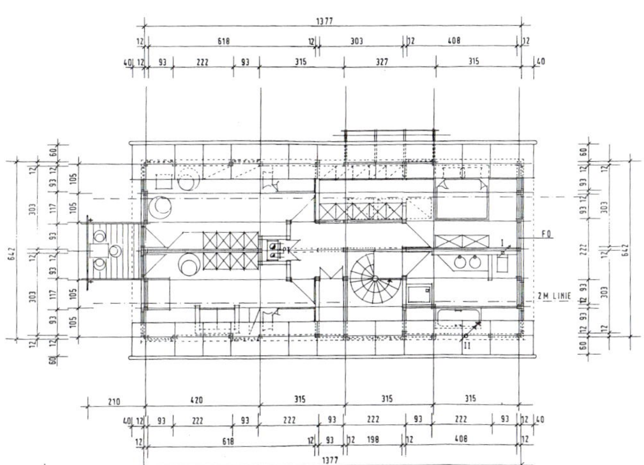

Obergeschoss

Baudaten

Standort	Pless/Bayern
Bauzeitraum	1994 (8 Monate)
Grundstücksfläche	ca. 1140 m²
Wohnfläche	150 m² auf drei Etagen (zuzüglich 37 m² Nutzfläche und 32 m² Terrassen)
Bruttorauminhalt	753 m³
Baukosten	keine Angaben

19 Ein Wohlfühl-Raum für jede Gelegenheit

Architektur: Sascha Gerharz/Gerharz + Gerharz Architekten, Bad Ems

Innenarchitektur sollte nicht zuerst repräsentativ sein, sondern eine klare Linie und hohe Funktionalität zum Ziel haben, dabei aber niemals Monotonie verbreiten. Sascha Gerharz ist dies bei dem Haus für die eigene Familie auf das Beste gelungen. Im Innern finden sich taghell belichtete Räume in Gestalt des nach Süden orientierten Wohn-, Ess- und Kochraums, aber auch wundervolle introvertierte Rückzugsmöglichkeiten. Eine Erdwärmeheizung (mit Kühlfunktion für die Sommerzeit) und eine dachintegrierte Fotovoltaikanlage stellen die energetische Nachhaltigkeit sicher.

Neben dem Elternschlafzimmer und Bad im Obergeschoss erfüllt auch das eine Etage tiefer gelegene Bibliothekszimmer alle Voraussetzungen für entspannte Nachmittage und Abende. Offen, jedoch erhöht in die Wand des Flurs eingeschnitten, lässt das farblich abgesetzte Separee schon vom Eingang her deutlich seine besondere Funktion erkennen. Der Anstrich eignet sich insofern ideal für einen Lese- und Entspannungsraum, als das tiefe Rot sowohl beruhigend als auch anregend wirkt. Überschaubar in seiner Größe und darin einer Höhle artverwandt, hat das rote Zimmer doch den Vorteil einer guten Belichtung. Die Le-Corbusier-Liege ist so bequem und der Vorrat an

Seite 92 beide Ansicht der Südwestfassade mit der Sonnenterrasse. Der Sitzplatz ist durch verglaste Schiebetüren vom Kochbereich aus auf kurzem Wege zugänglich.

Seite 93 Das nach Südwesten großflächig verglaste Dach sorgt für erstaunliche Helligkeit und weite Ausblicke, so etwa auf die Dachterrasse beim Schlafzimmer. Die gläserne Brüstung der Galerie im Obergeschoss fügt sich perfekt in die von Transparenz und Offenheit geprägte innenarchitektonische Planung ein. Der Esstisch besitzt ein Gestell aus massiver, geölter Buche und eine eingelegte Glasplatte. Das Vorhangsystem ordnet sich dem klaren, reduzierten Konzept unter (Vorhangstange aus Edelstahl von Art Line/Modell „Pur Easy“; Stoff von Kinnasand).

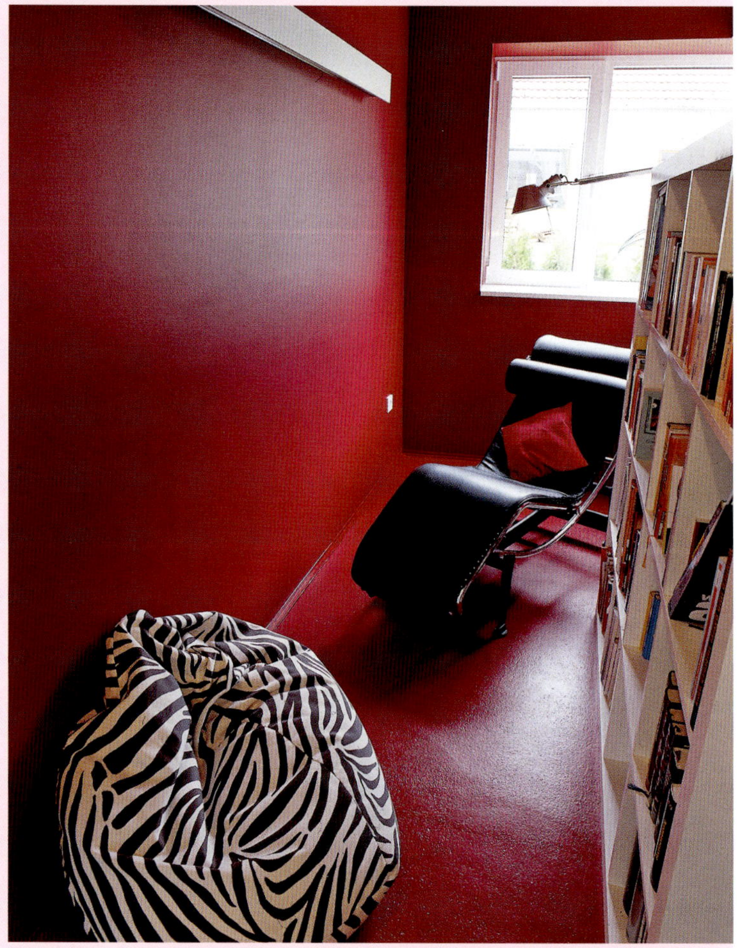

Linke Seite links Blick durch die Treppen-Harfe in den Flur im Erdgeschoss mit eingeschobenem Lesezimmer.
Rechts Entspannen in Rot: Hinten die von Le Corbusier entworfene Entspannungsliege „LC 4“ mit der Stehleuchte „Tolomeo Parete“ (Artemide/Design von Michele de Lucchi), links die Wandleuchte „Meter by Meter“ von Beolux.

Oben Der Wohnbereich mit Kaminofen bietet eine intime Atmosphäre und zugleich eine panoramaartige Aussicht auf die umgebende Landschaft. Den futuristischen Kugelsessel „Ball Chair“ aus Fiberglas und Leder entwarf Eero Aarnio im Jahr 1966. Links die Stehleuchte „Costanza Terra“ von Luceplan (Design Paolo Rizzatto).

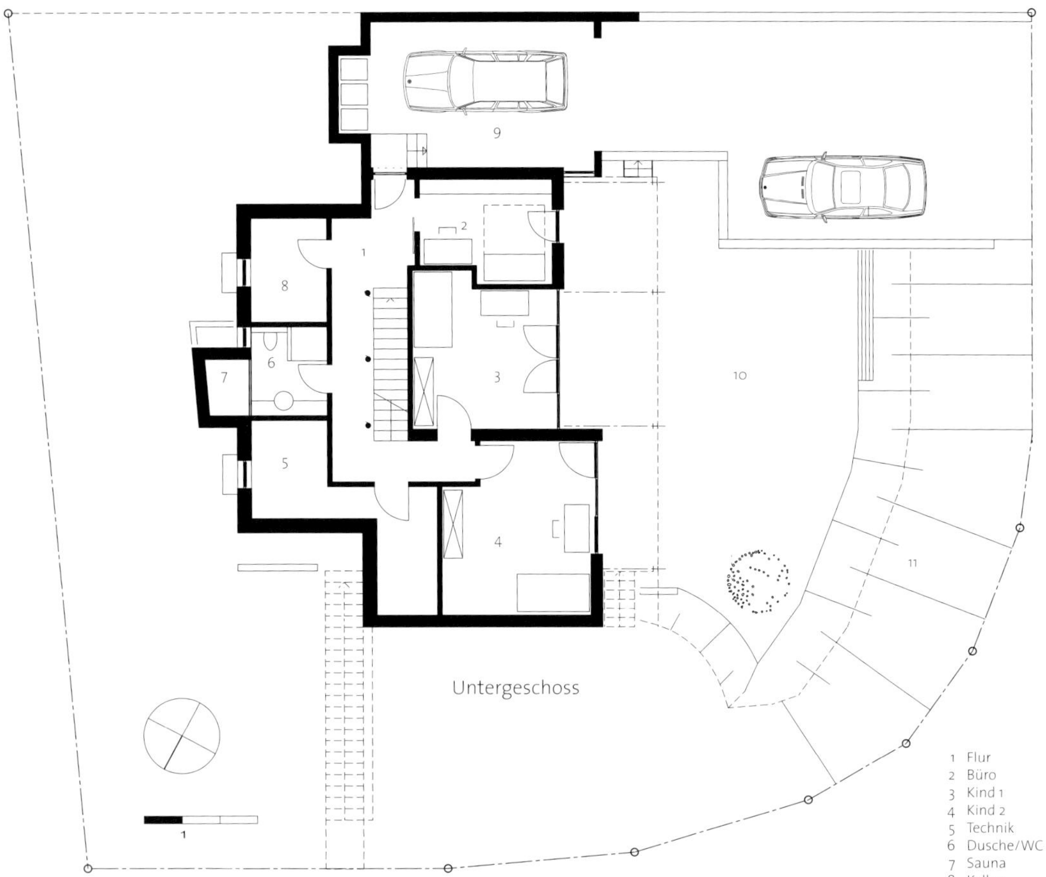

Untergeschoss

1 Flur
2 Büro
3 Kind 1
4 Kind 2
5 Technik
6 Dusche/WC
7 Sauna
8 Keller
9 Garage
10 Freisitz/Spielen
11 Grünwall (Sichtschutz)

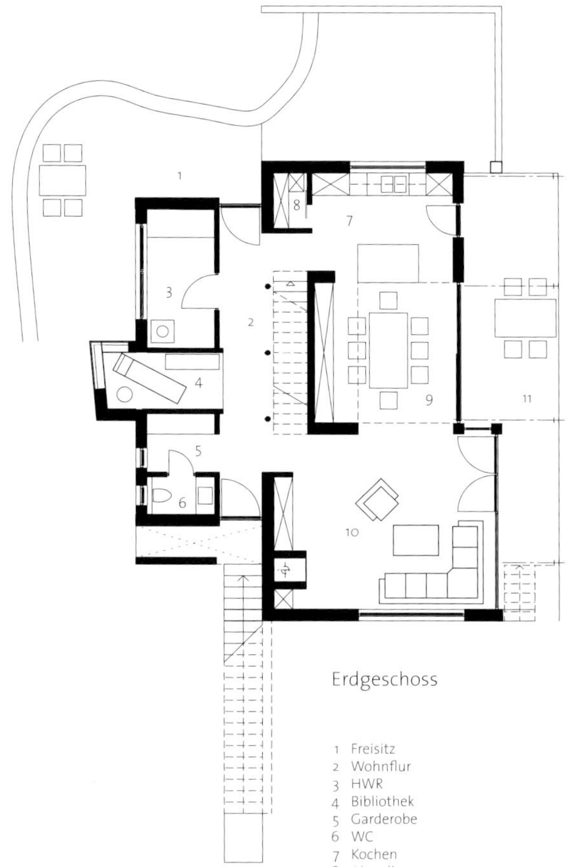

Erdgeschoss

1 Freisitz
2 Wohnflur
3 HWR
4 Bibliothek
5 Garderobe
6 WC
7 Kochen
8 Abstellraum
9 Essen
10 Wohnen
11 Balkon

Lesestoff so groß, dass dem Wohlfühlen keine Grenzen gesetzt sind.

Um die trennende Wandscheibe im Erdgeschoss herum befindet sich nur einige Schritte weiter der in seinem Charakter ganz nach außen gewandte, taghell belichtete große Wohnraum, der in seiner Mitte bis zum Dach geöffnet ist. Durch südseitige Glasflächen in der Fassade und im Dachbereich sind die Koch- und Esszone wie auch die Dachgalerie so gut belichtet, als befände man sich im Freien. Entsprechend selten besteht in diesem Haus Bedarf für eine zusätzliche künstliche Beleuchtung. Miteinander durch einen gemeinsamen Holzbelag verbundene Terrassen auf der Südost- und Südwestseite schaffen vom Wohnraum direkt zugängliche Schönwetter-Sitzplätze für jede Tageszeit und jede Gelegenheit. Partien des Balkons sind mit Glasplatten belegt, um so auch den Räumen des Untergeschosses zusätzliches indirektes Sonnenlicht zukommen zu lassen.

Im Äußeren setzt sich die strukturelle Komplexität und Qualität des Innenraums fort: Mit seinen unterschiedlichen Dachformen und seiner vielgestaltigen Kubatur von jeder Seite eine andere Ansicht bietend, zeigt sich das Gebäude gleichsam als architektonisches Chamäleon, das jedoch eine souveräne Beherrschung der

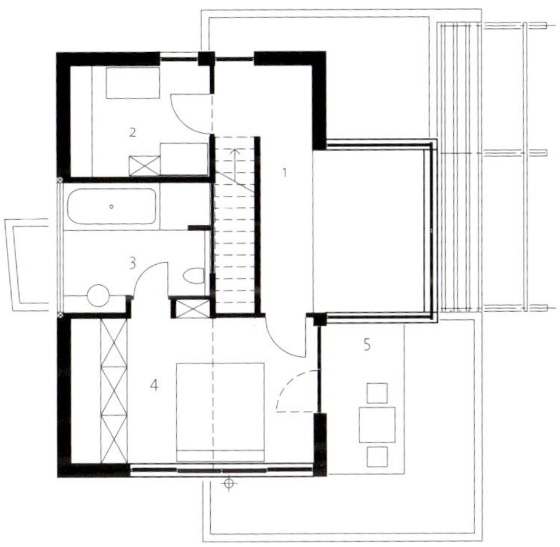

Dachgeschoss

1 Galerie
2 Baby
3 Bad
4 Eltern
5 Balkon

Formensprache erkennen lässt. Dreiecks- und Vierecksformen werden so kunstvoll ineinander geschoben, dass ein höchst einheitliches, aber spannungsreiches Ganzes entsteht. Die steile Hanglage nach Norden wurde dramaturgisch gekonnt zur Anlage einer langen, betonierten Himmelstreppe genutzt. Alternativ ist auch ein südwestlicher Zugang über das Untergeschoss oder über eine Außentreppe möglich.

Beispielhaft zeigt dieses Einfamilienhaus, wie eindeutig und gleichzeitig ideenreich Wohnarchitektur gestaltet werden kann, damit sie zum Erlebnis wird.

Das Badezimmer im Obergeschoss. Der Boden ist mit einer hochwertigen Feinsteinzeug-Fliese belegt (Casalgrande/Modell „Blue Moon Fiammata").

Baudaten

Standort	Arzbach/Rheinland-Pfalz
Bauzeitraum	2006–2007 (10 Monate)
Grundstücksfläche	ca. 571 m²
Wohnfläche	ca. 175 m² (zuzüglich ca. 95 m² Balkon- und Terrassenflächen)
Bruttorauminhalt	ca. 815 m³
Baukosten	keine Angaben

20 Kunstvoll wohnlich komponiert

Architektur: Michael Hamm, Ehingen

Wenn ein Künstler-Ehepaar baut, sieht das Ergebnis im Idealfall selbst wie ein architektonisches Kunstwerk aus. Das Ehepaar Linder-Sonntag bestätigt zusammen mit seinem Architekten Michael Hamm, dass bei solcher Gelegenheit ein außergewöhnliches Raumerlebnis entstehen kann.

Dass das Gebäude noch Reste eines Vorgängerbaus aufweist, sieht man dem Gesamtwerk im Grunde nicht mehr an. Heute zeigt es sich mit seiner komplett neuen, großenteils gläsernen Fassade als lichtdurchflutetes Wohn-Kunststück, das den eingewachsenen Garten und die Nähe zur Landschaft zum Bestandteil der Architektur macht. Die weißen Wände und Decken sind das ideale Umfeld für die überwiegend selbst geschaffenen Werke und die sorgsam gewählte Ausstattung, die etwa mittels eines antiken Esstischs mit passenden Bistro-Stühlen viel Wärme in den Essbereich trägt. Der lang gestreckte Einraum im Erdgeschoss besitzt einen tiefer gelegenen, über einige Stufen zu erreichenden Wohnbereich mit gläsernem Übereckblick nach draußen. Bei tagheller Belichtung wirkt der Aufenthalt hier fast wie ein modernes Höhlenerlebnis, das Zuflucht vor den Anstrengungen des täglichen Lebens verheißt. Der massiv hölzerne

Oben Ansicht des neuen Haupt-Baukörpers mit dem südwestlichen Hauseck. Der über Eck verlaufende Balkon beschattet zusammen mit dem auskragenden Dach die großflächig verglasten, farbig akzentuierten Fassaden.

Rechte Seite Vom Eingangsbereich bieten sich Durchblicke in das Obergeschoss mit dem galerieartigen Flur und in den tiefer gelegenen Wohnraum mit dem Essbereich. Die Keramik von Anne Linder und Volker Sonntag macht die Erschließungszone zur Kunstgalerie.

Dielenboden schafft Bodenhaftung, der Raum ist in Entsprechung zu den Fassaden in den Grundfarben akzentuiert – so durch den roten Teppich, das blaue Sofa, den roten Schrank und die gelb-schwarz-weißen Gemälde. Ein völlig abgeschlossenes Rückzugszimmer ist die Bibliothek, in der entweder auf der Le-Corbusier-Liege geschmökert oder auch nur in der Sonne gedöst werden kann. Im Übrigen bietet der offene Raumzusammenhang des Hauses gleichsam wie in einer wohnlichen Galerie die perfekte Atmosphäre für die Präsentation der verschiedenen, häufig in Ton gearbeiteten Skulpturen von Anne Linder und Volker Sonntag.

Erdgeschoss

Rechts Blick durch das Glaseck in den Garten und in die Landschaft. Der im Niveau gegenüber dem Ess- und Kochbereich abgesenkte Sitzplatz bietet stilvolle Aussichtsplätze auf Freischwingern von Marcel Breuer (Modell „Wassily“ von Knoll International).

Linke Seite Der antike Esstisch und die dazu passende Bestuhlung aus dem frühen 20. Jahrhundert harmonieren aufs Beste mit dem massiven Dielenboden. Der offene Raumzusammenhang wird durch die bedachte Platzierung des Mobiliars frei gehalten. Hinten die „Wohnkuhle“ beim verglasten südwestlichen Hauseck mit Marcel Breuers Sessel „Wassily“.

Rechts unten Wohnbereich und Ess-/Kochzone sind durch einen sanften, der Geländemorphologie folgenden Niveauunterschied abgegrenzt, was gleichzeitig den großen Raum wirkungsvoll untergliedert.

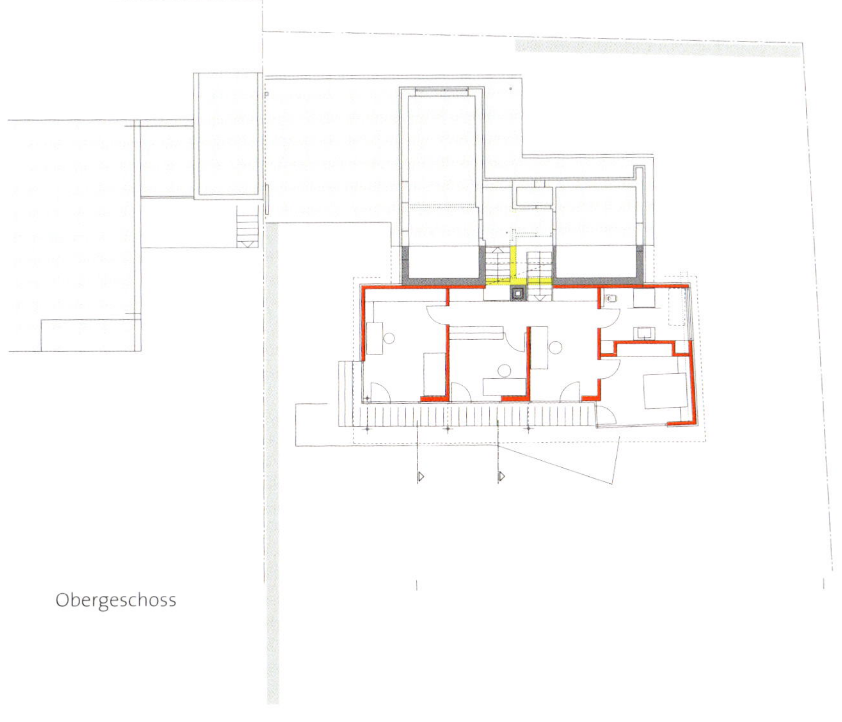

Obergeschoss

Baudaten

Standort	Ehingen/Baden-Württemberg
Bauzeitraum	2003–2004
Grundstücksfläche	800 m²
Wohnnutzfläche	206 m² auf zwei Ebenen
Bruttorauminhalt	1550 m³
Baukosten	ca. 220 000 €

21 Wärme als Wohnkonzept

Architektur: Hicker Architekten, Friedberg b. Augsburg

In idyllischer Waldrandlage gelegen, wartete das vor einigen Jahrzehnten erworbene Wochenendhaus der Familie Voss lange auf seine architektonische „Auferstehung". Nicht aus Ruinen, aber doch aus einem eher kleinteilig strukturierten und architektonisch nicht sehr hochwertigen Bestand entstand unter der Regie des Architekten Hans Hicker ein wahres Raumwunder.

Unter Verwendung des bestehenden Mauerwerks fügte man dem Haus ostseitig eine zweigeschossige Verlängerung an, die großenteils verglast wurde und dem neu entstandenen Wohn-, Ess- und Kochbereich im Erdgeschoss seine ausgesprochen gute und stimmungsvolle Belichtung schenkte. Der unmittelbar in diese wintergartenähnliche Situation eingepasste große Esstisch ist entsprechend der fürs tägliche Beisammensein, aber auch für Einladungen mit Freunden meistgenutzte Platz des Hauses. Zusätzlich eingebrachte Fenster auf der Westseite sorgen dafür, dass auch am Nachmittag perfekte Helligkeit herrscht und satinierte Glas-Schiebetüren lassen sogar von der nordseitigen Diele her Licht in den Wohnraum fallen.

Der lang gestreckte Einraum ist bis zum First geöffnet, Deckenstrahler betonen die Vorzüge

Oben Gesamtansicht des Hauses von Südosten. Die Transparenz der Erweiterung mit ihren großen Glasflächen ist hier besonders gut nachzuvollziehen.

Rechte Seite Der Wohnraum lebt von der offenen Struktur und den großen Raumhöhen. Der sichtbare Sparrendachstuhl besitzt eine Schalung aus Fichte-Mehrschichtplatten, die ebenso wie das Tragwerk weiß lasiert sind. Als Bodenbelag ist im gesamten oberen Geschoss portugiesischer schwarzer Schiefer verlegt, woraus sich ein spannungsvoller Farbkontrast zu den weißen Holzteilen ergibt. Die Küche ist von Bulthaup.

Links Blick über den Esstisch zur Schmöker-Ecke am drehbaren Kaminofen (Ofen von Accent, Stühle am Essplatz von Gunther Lambert).

Unten Bei aller Durchgängigkeit zeichnet sich das Haus durch eine bewusste Innenraumstruktur aus: Links im Vordergrund die Sitzecke, links der Abgang zum Schlafgeschoss, links hinten der Durchgang zum Flur. Die indirekte, umlaufende Beleuchtung (von Nouveau) setzt nicht nur die Decken, sondern den gesamten Raum ins beste Licht.

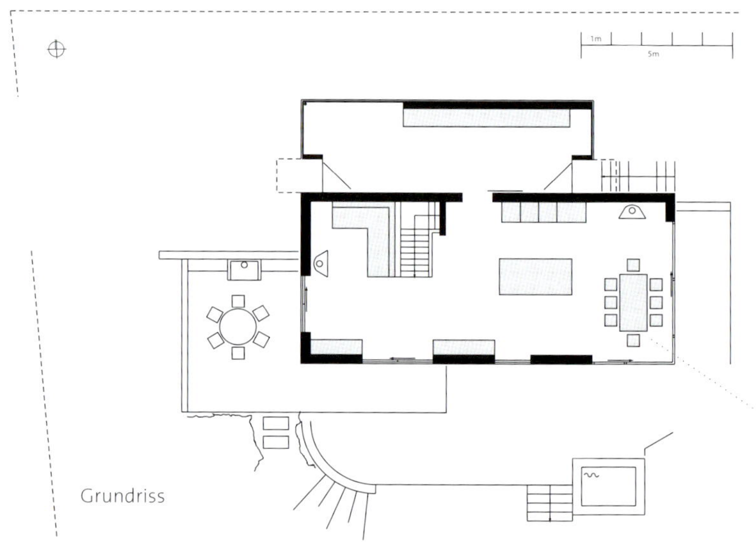

Grundriss

der Innenarchitektur und die Struktur der Holzdecke. Gemauerte Wandscheiben wie die der Treppenbrüstung und der Küchenblock schaffen bei aller Durchgängigkeit des Eindrucks visuell abgegrenzte Wohnzonen, sodass das Auge stets Ruhepunkte findet. Dem außergewöhnlich hellen Essbereich steht ein etwas introvertierterer Sitzplatz gegenüber, der eher als abendlicher Rückzugsort mit dann etwas gedämpfter Lichtstimmung gedacht ist. Die Haupt-Aufenthaltbereiche befinden sich zu beiden Giebelseiten des Raums und sind als besonderer Clou jeweils mit einem separaten Kaminofen bestückt. Das große Sichtfenster der Öfen kann zudem nach Belieben der

Rechts Blick entlang der südlichen Traufseite Richtung Osten. Die Schiebeläden in Stahlrahmen-Konstruktion mit Lärchenholzlamellen bieten wirksamen Sonnenschutz und bewirken im Inneren des Hauses interessante Licht- und Schatteneffekte. Die übrigen Fenster besitzen Außenraffstores mit Wind- und Sonnenwächtern. Dachmontierte Solarkollektoren und Fotovoltaik-Elemente stellen eine nachhaltige Energieversorgung sicher. Ein besonderer Clou sind die wetterfesten, da aus frosthartem Ton gefertigten Gartenmöbel.

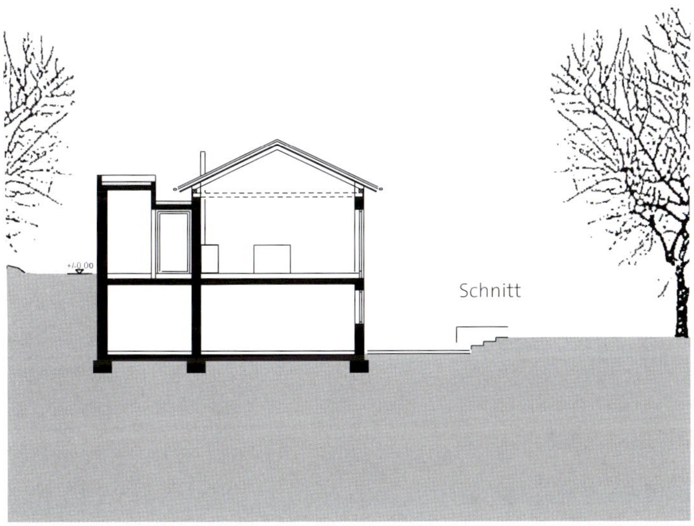

jeweiligen Sitzposition und Blickrichtung der Bewohner angepasst werden, da der Korpus um die eigene Achse drehbar ist. Mit schwarzen Schieferplatten belegt, wirkt der ganze Raum sehr einheitlich und macht es möglich, mit Rot wirkungsvolle Akzente zu setzen – beispielsweise mit den von der Hausherrin geschaffenen Fotokunstwerken oder etwa dem roten Ledersessel. Solcherlei farbige Anklänge an asiatische Wohnthemen setzen sich in dem minutiös geplanten japanischen Garten fort, dem sich die Hausherren mit großer Begeisterung widmen, sooft es nur möglich ist.

Baudaten

Standort	bei Friedberg/Bayern
Bauzeitraum	6 Monate
Grundstücksfläche	ca. 1000 m^2
Wohnfläche	136 m^2 auf zwei Ebenen
Bruttorauminhalt	
Erweiterung	200 m^3
Baukosten	keine Angaben

22 Eine Scheune als Wohlfühl-Ort

Architektur: Ivano Iseppi, Thusis (Schweiz)
Projektarchitektin: Nadine Reif

Scheunen können als Inbegriff ländlicher Idylle gelten, wo sich mancher in der Jugend nach der Schule oder in den Ferien im Stroh zum Spielen traf. Für Land- wie auch Stadtmenschen ist es ein Traum, sich in solch Schutz spendender Hülle eine dauerhafte Bleibe zum Wohnen zu schaffen, wie es die Familie Caluori in einem Graubündner Dorf mit sichtbarem Erfolg unternommen hat.

Im Hinterhofbereich eines dörflichen Anwesens gelegen, hat die Scheune ihr äußeres Erscheinungsbild weitestgehend bewahrt – einschließlich der charakteristischen Auffahrtsrampe zum Tor, durch das einst mit Heu beladene Wagen fuhren. Heute verbirgt sich hinter dem alten Holztor ein neues Innenleben, das als thermisch weitgehend davon getrennter Baukörper in die bestehende hölzerne Hülle eingestellt worden ist. Der traditionelle Rahmen blieb also gewahrt und bestimmt nicht nur das Erscheinungsbild des Gebäudes von außen, sondern auch die Raumwahrnehmung von innen. Vom Esstisch aus schaut man durch die alte Holzbohlenstruktur nach draußen, vom Sitzplatz aus bietet sich ein großflächig verglaster Ausblick durch die Holzkonstruktion der Scheune in die Graubündner Landschaft. Auf Designer-Liegen kann man die Atmosphäre für entspannte Stunden am Kaminfeuer genießen.

Südansicht mit der alten Auffahrtsrampe zum Scheunentor, hinter dem sich heute der unter das Obergeschoss eingezogene Eingangsbereich befindet. Das in die alte Scheunenstruktur eingestellte Wohnhaus ist an den weißen Fassadenplatten („Powerpanel HD" von Fermacell) zu erkennen.

Blick durch den Wohnbereich Richtung Westen. Großflächig verglaste Hebeschiebetüren ermöglichen einen direkten Zugang zur über Eck laufenden Veranda. Der Boden besteht aus in Anthrazit eingefärbtem Hartbeton.

Oben Entspannungsplatz vor dem Feuer mit Blick zum Essplatz im Freien, der sich im Schutz des alten Scheunengebäudes befindet. Die gemauerte Kaminwand weist Nischen für das Feuerholz und für das Abstellen von Kerzen auf. Die Oberflächen der Wände und Decken sind in weiß eingefärbtem Glattputz ausgeführt.

Rechte Seite Entspanntes Familien-Wohnen: Sara und Ginia Caluori in der Küche mit Blick bis zum Essbereich, der sich auf der Südseite befindet. Die Küche und die Dunstabzugshaube wurden einheitlich aus weiß lackierten MDF-Platten, die Arbeitsplatte aus mattem Chromstahl gefertigt. Bei der Deckenleuchte handelt es sich um das Modell „Rondo" von Regent.

Ein nordwestlich umlaufender, etwa zweieinhalb Meter tiefer Balkon ist in die alte Holzkonstruktion integriert und vom Dachüberstand geschützt. Beim Aufenthalt auf dem Balkon blickt man auf den Obstgarten, die Blumenbeete und die Bündner Berggipfel – eine gemütliche Wohn-Oase mitten in den Alpen.

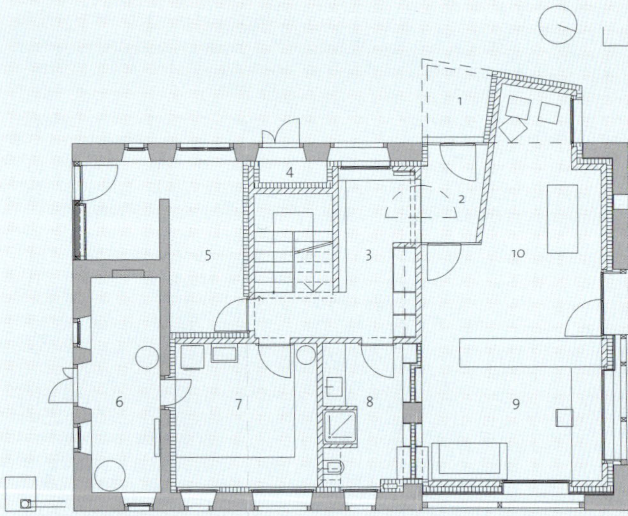

Erdgeschoss

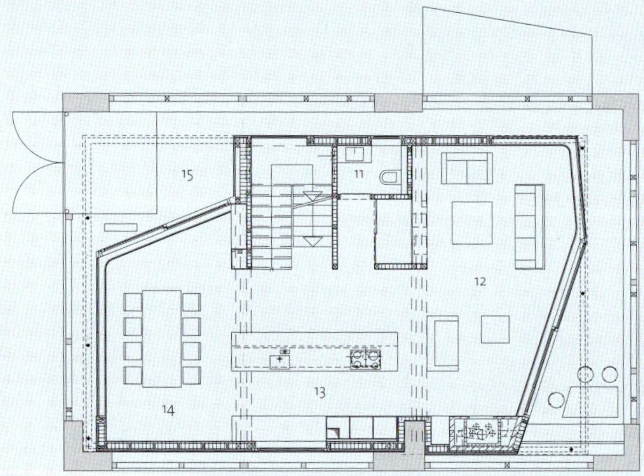

Obergeschoss

1 gedeckter Vorplatz
2 Windfang
3 Garderobe
4 Geräte
5 Abstellraum
6 Heizing/Technik
7 Waschküche
8 Dusche/WC
9 Gäste/Büro
10 Spielen/Freizeit
11 WC
12 Wohnen
13 Kochen
14 Essen
15 Außenbereich
16 Podest
17 Zimmer
18 Bad

Blick über die Sitzecke im Obergeschoss zur Veranda und in den Garten mit den alten Obstbäumen, die beim Umbau erhalten worden sind.

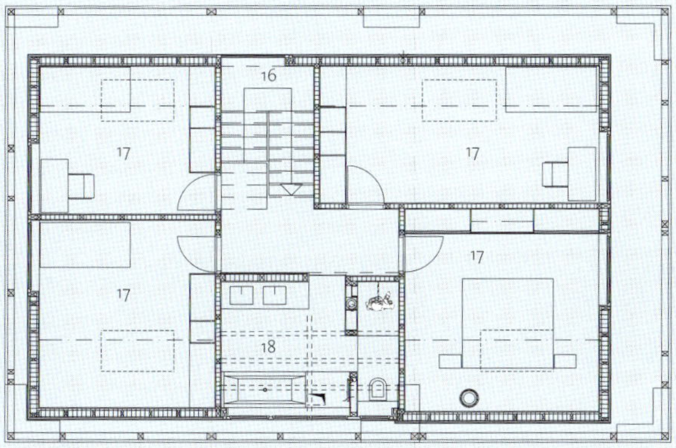

Dachgeschoss

Rechts Auf der Veranda wird die bestehende Holzkonstruktion des Stalls besonders gut erlebbar. Als Absturzsicherung dienen sägeraue Bretter aus Lärchenholz. Links der Durchblick zum Wohnbereich.

Unten Sara, Ginia und Mateo Caluori vor dem alten Scheunentor.

Baudaten

Standort	bei Thusis/Graubünden (Schweiz)
Ursprüngliche Erbauungszeit	1850
Umbauzeitraum	2006–2007 (6 Monate)
Grundstücksfläche	ca. 1230 m²
Wohnfläche	260 m² auf drei Ebenen
Bruttorauminhalt	1330 m³
Umbaukosten	ca. 760 000 sFr

23 Umgenutzt und neu belebt

Architektur: Ivano Iseppi, Thusis (Schweiz)

Wenn sich andernorts die Umwidmung bäuerlicher Bausubstanz oft nicht ganz einfach gestaltet, so bietet sich in weiten Teilen der Schweiz doch ein etwas anderes Bild. Das Beispiel einer Scheune in der Graubündner Bergwelt, auf einer Höhe von über 1000 Metern, zeigt die Möglichkeiten zeitgemäßer Wohnnutzung ohne Verleugnung der baulichen Vergangenheit.

Auch in dieser so ideal wirkenden Kulturlandschaft am Rand eines Bergdorfs warten leer stehende, teils schon verfallende Scheunen und andere Wirtschaftsgebäude auf ihre „Wiedererweckung“. Dies setzt natürlich in der Regel eine tragfähige Nutzung insbesondere zu Wohnzwecken und eine überzeugende Umbauplanung voraus. Die Kantonale Denkmalpflege kann hier auf ein von ihr mitgetragenes Vorzeigeprojekt blicken, das den Erhalt der Substanz mit im Grunde durchaus gewagten neuen Architekturelementen verbindet. Der Architekt Ivano Iseppi brachte seine Erfahrungen aus anderen Scheunenumnutzungen ein und entwickelte zusammen mit den Bauherren eine Planung, die einen Großteil der Blockbohlen-Scheune und damit ihres äußeren Erscheinungsbilds bewahrte, gleichzeitig aber durch gezielte Eingriffe neue Belichtungsmöglichkeiten und

Oben Wohn-Kunstwerk vor Berggipfeln: Ansicht der Westfassade mit dem neuen Gebäudeteil aus rot eingefärbtem Beton, der im Obergeschoss die Funktionen Wohnen (links) und Kochen/Essen (rechts) beherbergt.

Rechte Seite Das Schlafzimmer mit seinen großen Verglasungen befindet sich direkt hinter den bestehenden Rundhölzern des Stalls. Die Fensterrahmen bestehen aus Fichtenholz, Decken und Wände sind mit weiß eingefärbtem Glattputz versehen.

Oben Blick durch die Küche zur Eingangsdiele und zur Treppe. Die Küche ist aus Nussbaumholz und grau lackierten MDF-Platten vom Bruder des Bauherrn sondergefertigt worden. Die Arbeitsflächen sind in schwarzem Naturstein ausgeführt.

Rechts Im Badezimmer werden die Materialien Nussbaumholz für die Möbel und Naturstein für die Waschbecken wieder aufgegriffen. Die Spiegelschränkchen über den Waschbecken sind bündig in der Wand versenkt.

Ausblicke schuf. Nach Süden und Westen haben große Glasflächen die alte Struktur durchbrochen, um eine reichliche Belichtung des Koch- und Essbereichs sowie des Wohnzimmers und auch der Diele zu erreichen. Abends und nachts leuchtet die Scheune förmlich von innen heraus.

Im Übrigen treten massive, in warmem Rot gehaltene Mauerpartien in Zwiesprache mit der erhaltenen historischen Blockbohlen-Fassade. Die Fassaden auf der Nord- und Ostseite behielten weitgehend ihr traditionelles Gesicht, denn hier befinden sich die privateren, nicht auf volle

Fantastische Inszenierung: Die um einige Stufen gegenüber dem übrigen Bad erhöhte Wanne mit der Panoramascheibe schiebt sich förmlich zum Himmel und zur Landschaft vor.

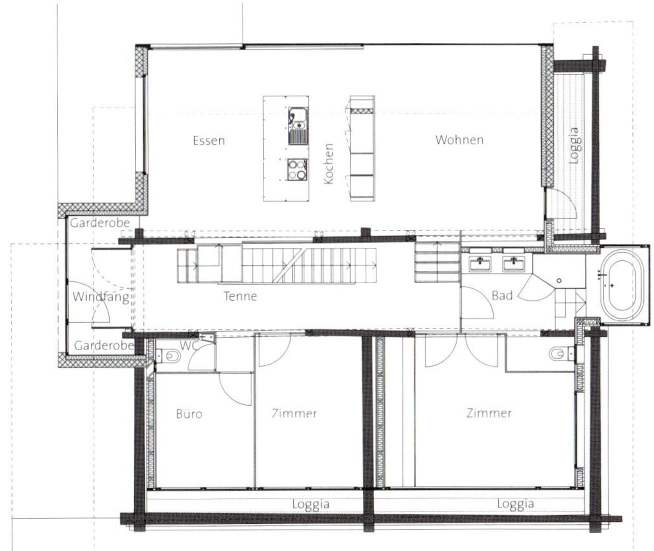

Obergeschoss

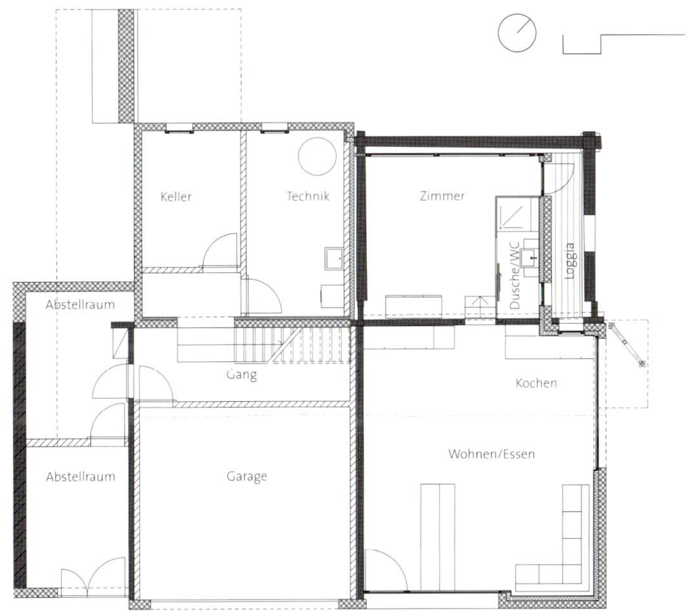

Erdgeschoss

Besonnung angewiesenen Räume. Das Schlafzimmer lebt in seiner Wirkung sogar von der leicht schummrigen Stimmung des zwischen den waagerechten Bohlenlagen einfallenden Lichts. Das Bad kann seinerseits mit dem alten Holzbohlenboden und der erhöht eingebauten Wanne vor Panoramascheibe als Wellness-Bad par excellence gelten. Beim Baden einen solch perfekten Bergblick genießen zu können, bleibt nur wenigen vorbehalten – vor allem in einer ehemaligen Scheune! Insgesamt ein extrem ungewöhnliches und gleichzeitig enorm wohnliches Haus mit ungemein spannender Architektur.

Baudaten

Standort	Casti/Graubünden (Schweiz)
Umbauzeitraum	2006 (6 Monate)
Grundstücksfläche	ca. 800 m^2
Wohnfläche	280 m^2
Bruttorauminhalt	1200 m^3
Umbaukosten	ca. 690 000 sFr

24 Kleingarten-Idyll einmal anders

Architektur: Kubusrot Architekten/Jakob Oberwalder, Wien

Wie wäre es, wenn das eigene Zuhause kleine Fluchtmöglichkeiten aus dem Alltag für alle Tage verspräche – und diesen Anspruch auch einlöste? Große Unternehmungen wie der Kauf eines Wochenend- oder Feriensitzes würden dann komplett überflüssig, denn das Paradies wäre ja das Alltägliche – ganz so wie beim roten Wohnkubus am Stadtrand von Wien.

Eine für Teile Österreichs typische, zunehmend wichtiger werdende Aufgabe für den kreativen Architekten ist die Nutzung vorhandener Kleingarten-Parzellen. Die einschlägigen Bauordnungen erlauben in aller Regel eine begrenzte Bebaubarkeit dieser Grundstücke, solange Grundfläche und Wohnfläche im vorgeschriebenen Rahmen bleiben. Auch beim hier vorgestellten Wohnhaus in bester Lage nahe der österreichischen Hauptstadt mit schönstem Ausblick auf die Landschaft ermöglichte es die Findigkeit Jakob Oberwalders von Kubusrot Architekten, ein bauliches Kleinod für eine dreiköpfige Familie – mit modularer Erweiterbarkeit für vier – zu schaffen.

Die Lage am Hang nutzte man für das dreigeschossige Konzept mit Essen und Kochen im Erdgeschoss, Wohnen/Schlafen im Obergeschoss und Bad/Sauna/Lager im Untergeschoss. Der

Oben Auf einer sehr kleinen Grundfläche von 50 Quadratmetern entstanden ein massiv errichtetes Untergeschoss und darüber zwei weitere Wohnebenen in leichter Holzriegel-Bauweise. Der kühn auskragende Balkon mit der Stahlseilbrüstung wirkt äußerst filigran.

Rechte Seite Im Erdgeschoss sind Kochen und Essen vereinigt, eine kleine Bar am Küchenblock lädt zum Aufenthalt ein, wenn es einmal schnell gehen muss. Trotz geringer Fläche wirkt der Raum sehr großzügig. Die offen gehaltene Holzkonstruktion und der weiße Anstrich vergrößern die Deckenhöhen und tragen so zusammen mit den massiven Eichenholzböden dazu bei, das Raumgefühl aufzuwerten.

Oben Spannende Kontraste: historischer Lattenzaun vor rotem Kubus – Wohnen zwischen Tradition und Moderne.

Rechte Seite Die Terrasse besitzt mit dem Vordach einen konstruktiven Sonnenschutz, der das Hausinnere vor sommerlicher Überhitzung schützt und zugleich die Überdachung des Eingangs bildet.

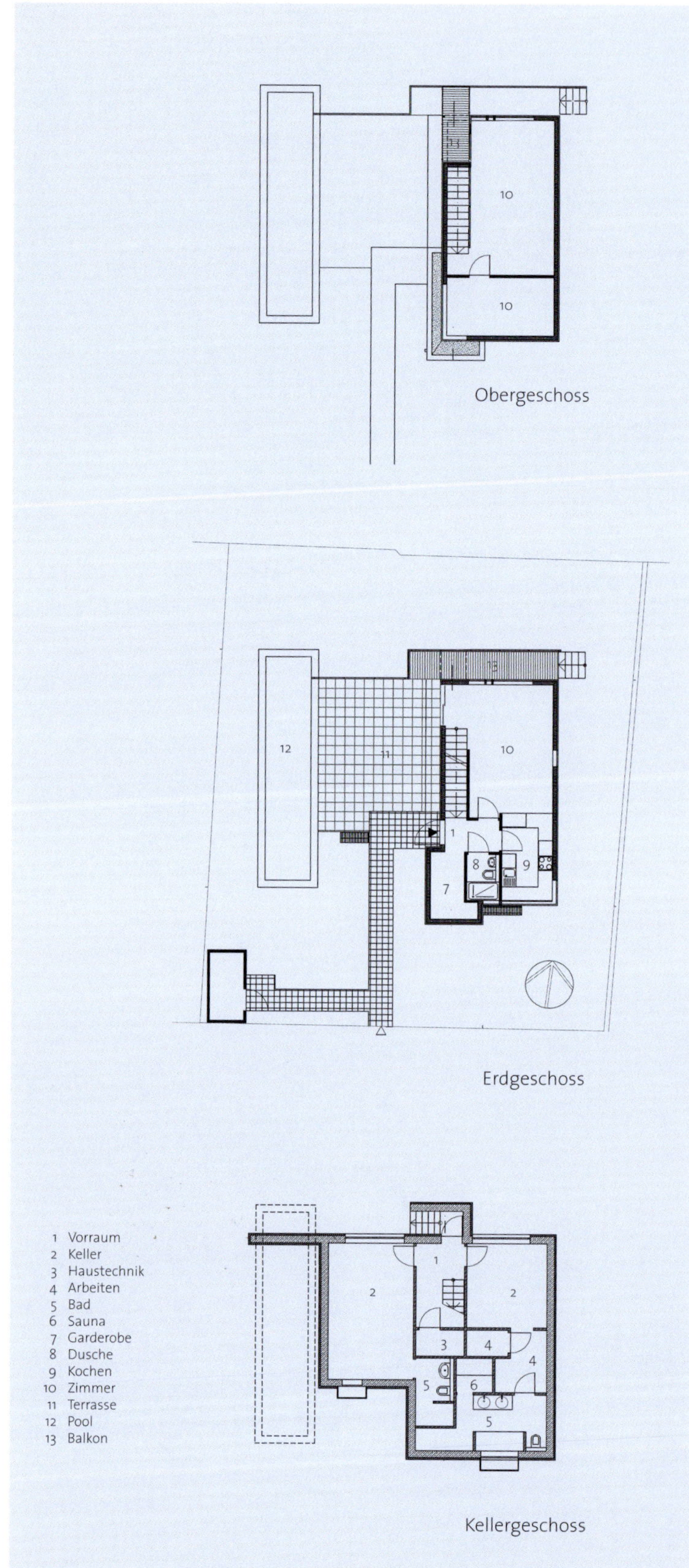

Ausblick in die Landschaft sowie die optimale „Lichtregie“ mittels großer Glasscheiben, die zusammen mit den vorgeschalteten Balkon- und Terrassenbereichen das Drinnen nach draußen erweitern, lassen die vergleichsweise geringe Wohnfläche vergessen. Die ohne Setzstufen ausgeführte Holztreppe lässt das Licht vertikal durchs Gebäude fallen. Draußen setzt sich der Wohnraum auf der großen Terrasse fort, der Sohn

des Hauses nutzt den abfallenden Weg gern als Skateboard-Piste. Den warmen Hintergrund fürs Freiluft-Erlebnis bildet die in kräftigem Rot gestrichene Holzfassade aus skandinavischer Fichte, deren Farbe sich im Gerätehaus wie auch in der Herbstfarbe des Wilden Weins wiederfindet. Der demnächst fertiggestellte Pool im Freien macht dann das Idyll im und am roten Kubus vollends perfekt.

Baudaten

Standort	bei Wien
Bauzeitraum	2002–2003 (8 Monate)
Grundstücksfläche	360 m²
Wohnnutzfläche	167 m² auf drei Ebenen (zuzüglich 10 m² Balkone und 33 m² Terrassen)
Bruttorauminhalt	250 m³
Baukosten	ca. 225 000 €

25 Natur und Architektur in natürlicher Harmonie

Architektur: Löhle Neubauer Architekten, Augsburg

Die mehrfach ausgezeichneten Architekten Regine Neubauer und Rainer Löhle schufen bei Augsburg für die Familie Jakob ein rundum überzeugendes Familien-Traumhaus, das sich perfekt in die Landschaft einfügt. Das rot gedeckte Satteldachgebäude ist mit seinem Kleid aus Lärchenholz zur Straße hin weitgehend geschlossen ausgeführt, zeigt sich zur südlichen Gartenseite aber außerordentlich transparent und licht. Große Glasflächen prägen sowohl das Erdgeschoss als auch den Dachbereich, dessen Innenräume und vorgelagerte Terrasse sich durch Lochblech-Schiebeläden nach Bedarf beschatten und vor unerwünschten Einblicken schützen lassen. Die deckenhohen Verglasungen versorgen Elternschlafzimmer, Bad und Flur im Obergeschoss ganztags mit reichlich Helligkeit.

Im Zentrum des Wohnerlebnisses steht das Erdgeschoss, dessen Wohn-, Ess- und Kochbereich offen ineinander übergehen. Die großen Schiebefenster bilden gleichsam ein Kontinuum zwischen Innen- und Außenraum. Eine zeitgemäße, betonierte Loggien-Konstruktion sorgt für Sonnen- und Blickschutz (zur Nachbarschaft), gleichzeitig wird so der Ausblick in die weite Landschaft wie in einem Bilderrahmen gefasst. Glas-Schiebetüren

Oben Ansicht der weitgehend geschlossenen Nordfassade mit Lärchenholzverschalung und in Beton gefasstem Eingang. Ein mit Gräsern und Basaltschotter gestalteter Saum bildet den Übergang zur Straße.

Ganz oben Ansicht der Südseite mit dem Holzdeck und dem integrierten Pool.

Seite 121 Perfekte Entspannung und Naturnähe: Ausblick vom Wohnbereich zum Sitzplatz auf dem Holzdeck, das aus wetterbeständigem Douglasienholz gefertigt ist. Das (begrünte) Vordach aus Beton dient als Sonnenschutz.

Links Detailsituation von Treppe und Eingangsbereich mit Blick durch ein Ganzglas-Schiebeelement zum Haupt-Wohnraum. Die auf eine Stahl-Unterkonstruktion montierten, frei auskragenden Treppenstufen sind aus Eiche gefertigt. Schwarze Schieferplatten bilden den Bodenbelag.

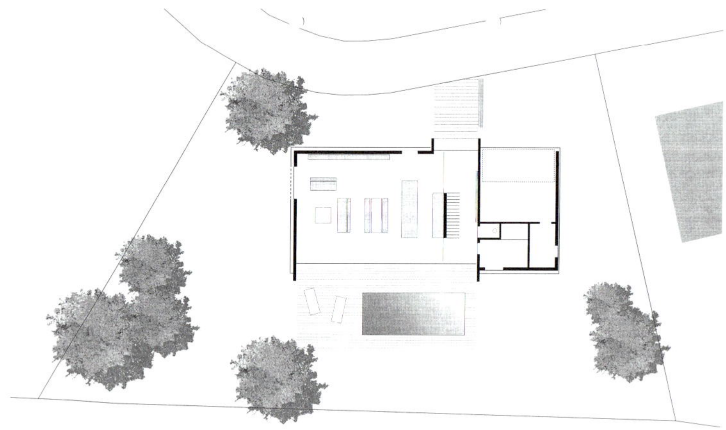

Erdgeschoss

ermöglichen es, Wohnraum und Terrasse als Raumkontinuum zu verstehen und als solches zu nutzen. Je nach Bedarf lässt sich der Flur dem Hauptraum zuschlagen oder davon abschließen – die untere Wohnebene bleibt damit stets im Zusammenhang erlebbar. So überzeugend die horizontale Durchgängigkeit gestaltet ist, so überlegt formt auch die aus frei auskragenden Holzblockstufen gebildete Treppe den Raum zwischen den Wohnebenen. Der wichtige Durchblick vom Hauseingang in den Garten und auf Weiden, Feuchtwiesen und Bachläufe bleibt dadurch unverstellt. Der Aufenthaltsbereich im Freien besteht aus einer großen holzgedeckten Terrasse und einem darin integrierten Pool mit zugeordnetem Sitzplatz, die umgebende Wiese bildet den natürlichen Übergang zur freien Landschaft. Die beiden Mädchen wie auch die Eltern haben den Poolbereich schon längst zu ihrem sommerlichen Lieblingsplatz erkoren.
In einem fast unwirklich anmutenden, idyllischen Umfeld entstand ein wahres Architektur- und Wohn-Kunstwerk, das für das Bauen und Wohnen in naturnahen Bereichen beispielgebend ist und vollkommen vergessen macht, dass es ringsum noch menschliche Siedlungen gibt.

Rechts Ansicht des Hauses mit Pool auf der Gartenseite. Im Obergeschoss gut zu sehen sind der Dacheinschnitt für die Terrasse und die verschiebbaren Beschattungs-Elemente.

Ganz unten Sitzplatz mit Aussicht auf der Treppe.

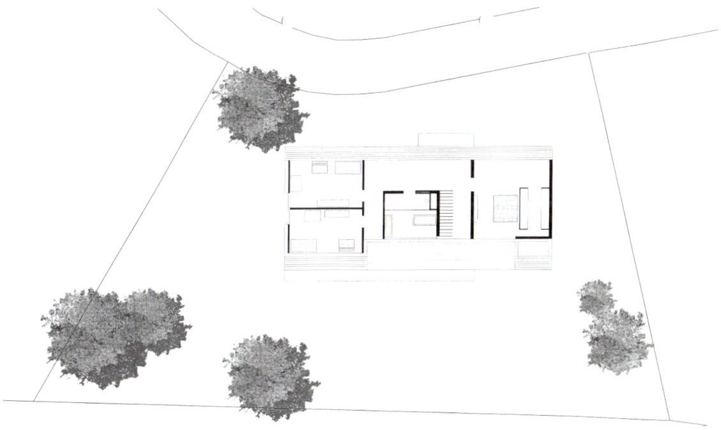

Dachgeschoss

Baudaten

Standort	bei Augsburg
Bauzeitraum	2006 (5 Monate)
Grundstücksfläche	931 m²
Wohnfläche	231 m²
Bruttorauminhalt	1270 m³
Baukosten	keine Angaben

26 Wohlfühlen auf kleinstem Raum

Architektur: Architekturbüro [lu:p], Grub am Forst

Dass engagierte junge Architekten zumindest in den ersten Jahren „im Büro wohnen“, gilt unter Insidern als geflügeltes Wort. Renee Lorenz hat dies in die Realität übersetzt und ein kleines Haus aus den 1950er Jahren zu seinem außergewöhnlichen Wohn- und Bürositz umgestaltet. Wo andere sich allerdings zwischen Schreibtisch und Ordnerregal eine karge Pritsche aufstellen, entstand hier auf den oberen eineinhalb Etagen ein kleines Wohn-Kunstwerk mit höchst kreativen innenarchitektonischen Lösungen.

Das einfache, in seiner Grundform in den Jahrzehnten nach dem Bau weitgehend unverändert gebliebene Satteldachhaus versprach aufgrund seiner vergleichsweise großen Fläche auf zwei Geschossen und einem steil geneigten, ausbaubaren Dach genug Platz für ein Architekturbüro mit mehreren Mitarbeitern sowie zum Wohnen. In dem einraumartigen, halb zum Büro des Bauherrn geöffneten Dachspitz sind heute ein geschützter, bewusst zurückhaltend belichteter Schlafbereich und ein sehr heller Wohnbereich auf der Galerie untergebracht. Das großzügig bemessene Bett mit seitlich integrierter Ablage wurde zur bestmöglichen Ausnutzung des Raums besonders niedrig eingebaut. Der Bereich des Drempels ist auf seiner gesamten Länge mit einem selbst

Oben Gesamtansicht des Hauses von Osten. Fassade und Dach sind gleichermaßen mit gehobelten Lärchenholz-Brettern verkleidet und verleihen dem Gebäude auf diese Weise ein homogenes Erscheinungsbild. Eine hinterleuchtete Stele mit Namensschild und integriertem Briefkasten und ein Betonband sind Auftakt und Hinführung zugleich.

Rechte Seite Schlaf-Traum: Skulpturale Ablageflächen, Regale und Trennscheiben im Dachspitz verschmelzen mit den Wänden. Die vorherrschenden weißen Flächen kontrastieren mit dem geölten Industrieparkett. Präzise gesetzte punktuelle und lineare Beleuchtung unterstützt das innenarchitektonische Konzept.

Ansichten

Rechte Seite Die Teeküche im Erdgeschoss nimmt auf kleinstem Raum alle benötigten Geräte und Stauraum-Flächen auf. Wenn sie nicht benutzt wird, verschwindet alles praktisch hinter Türen.

Unten Rohe Stahlplatten bilden die Stufen, die scheinbar schwebend vom Büro im Obergeschoss in das dem Wohnen vorbehaltene Dachgeschoss führen.

Wasser

Erdgeschoss

Dachgeschoss

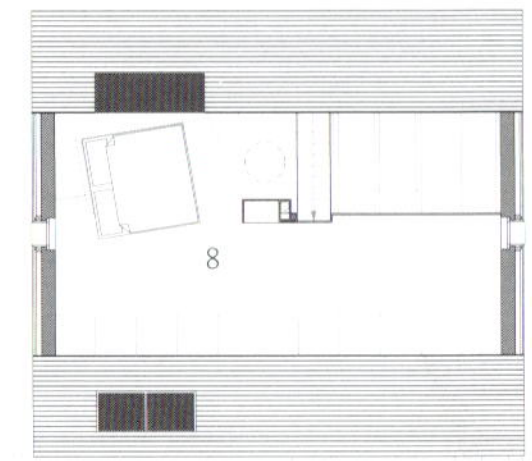

1 Flur
2 WC
3 Teeküche
4 Besprechung
5 Büro
6 Carport
7 Bad
8 Galerie

Obergeschoss

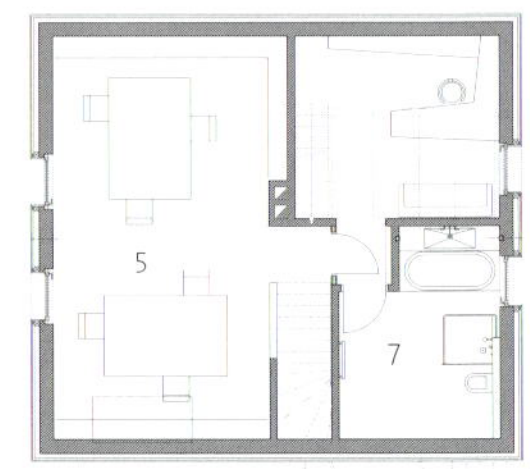

Links Wellness der etwas anderen Art: Die im Boden versenkte Badewanne verbirgt sich unter einer aufklappbaren Holzplattform vor dem Waschtisch.

Rechte Seite Eine Deckenaussparung über dem Büro des Bauherrn sorgt zusammen mit mehreren Dachflächenfenstern für eine großzügige und helle Wohnatmosphäre.

geplanten Einbauregal bestmöglich ausgenutzt. Auf der Galerie verbleibt genügend Platz für gemütliche Lese- oder Fernsehabende zu zweit, wobei – ein besonderer Clou – der Bildschirm auf einer drehbaren Platte gelagert ist und so bei Bedarf auch zur „Schlafinsel" gewendet werden kann. Filigrane, frei aus der Wand auskragende Stahltritte leiten von der Galerie nach unten durch das Büro zu einem Wellness-Bad der außergewöhnlichsten Art: Unter einem Beton-Becken von archaischer Klarheit befindet sich ein klappbarer Holzrost, unter dem sich eine in den Boden eingelassene Badewanne verbirgt! Es gibt

aber auch eine durch eine satinierte Glasplatte abgetrennte Dusche, die auf überflüssige Wannen- und Kabinenkonstruktionen zugunsten der Raumwirkung komplett verzichtet.

Im Übrigen befinden sich auf der zweiten Ebene neben dem Büro des Bauherrn noch ein großzügigen Arbeitsraum mit großen Tischen, darunter zwei weitere Büros, ein Besprechungs- und Essraum sowie eine eingebaute Kleinküche, die Renee Lorenz auch privat nutzt. Fazit: Wenn Wohnen und Arbeiten unter einem Dach und mit wenig Platz, dann auf jeden Fall so!

Baudaten

Standort	Grub am Forst (bei Coburg)/Bayern
Ursprüngliches Erbauungsjahr	1956
Sanierungs- und Umbauzeitraum	2006–2007 (15 Monate)
Grundstücksfläche	ca. 510 m²
Wohnnutzfläche	142 m²
Bruttorauminhalt	598 m³
Sanierungs- und Umbaukosten	186 000 €

27 Ausgezeichnet wohnen

Architektur: Architekturbüro [lu:p], Grub am Forst

Neu zu bauen auf Restparzellen erfordert – vor allem in innerstädtischer Lage – viel architektonischen Einfallsreichtum, um eine hohe Wohnqualität zu erzielen. Beim Haus der Familie Winter-Welsch glückte dies ohne Einschränkungen: Die BDA-Auszeichnung 2006 „Gute Bauten in Franken" war der gerechte Lohn für diese zeitgemäße und zugleich sehr intime Architektur.

Im Rückraum einer Durchfahrtsstraße, aber in unmittelbarer Nähe zur umgebenden Wohnbebauung und zu einer Schule gelegen, sollte beim Aufenthalt möglichst wenig vom städtischen Umfeld zu spüren sein. Im Freibereich gelang dies durch die Anlage zweier, durch hohe Mauern geschützter und gefasster Atrien, die gleichsam ihre Entsprechung in zwei eckpositionierten kleinen Patios im Obergeschoss finden. Von außen durch ihre Holz-Lamellenvorhänge in die Hausfassaden integriert, werden so direkte Einblicke verhindert, aber Ausblicke ermöglicht und nicht zuletzt die den Terrassenbereichen zugeordneten Räume – etwa das Bad – großzügig belichtet.

Das Haus insgesamt und insbesondere der zu den beiden Atrien hin geschosshoch verglaste

Oben Das auskragende, scheinbar schwebende Obergeschoss dient über dem Eingang auch als Vordach. Darüber der durch die Struktur der Fassade markierte Patio vor dem Bad.

Rechte Seite Blick vom Essbereich im Erdgeschoss in eines der Atrien mit Holzterrasse und kleinem Teich.

Links Blick vom südseitigen Patio ins Badezimmer. Die mit Holzlamellen umfassten, Privatheit gewährleistenden Terrassen-Bereiche im Obergeschoss ermöglichten es, große Verglasungen einzubauen und doch die Intimsphäre der angrenzenden Räume zu wahren.

Rechte Seite Abendstimmung auf der Bangkirai-Terrasse im nördlichen Atrium (Gartenhof), der den Bauherren als Rückzugsbereich vom Arbeitsalltag in dem auf dem Grundstück gelegenen Café dient.

Unten Lediglich die großen Schiebeelemente trennen den Wohnbereich mit Küche von den Atrien (Gartenhöfen).

Wohn-, Ess- und Kochbereich im Erdgeschoss wirken als Verbindungsglied zwischen den beiden Gartenhöfen; im Grundriss erinnern der Innenraum und die beiden Außenräume zusammen an ein Triptychon. Die schiere Größe des Wohnraums, die weiten Blickbeziehungen nach draußen und das freundliche Farbkonzept der Innenausstattung, bestehend aus Naturholztönen, Rot, Orange und Weiß, sind die auffallendsten Elemente des Raumempfindens. Eine Verglasung zum Treppenraum sorgt

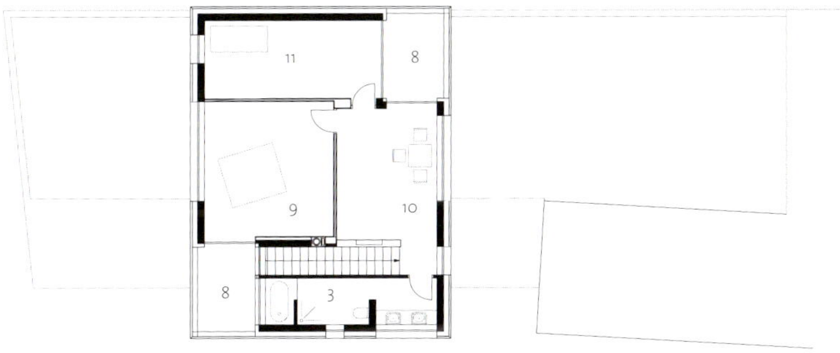

Obergeschoss

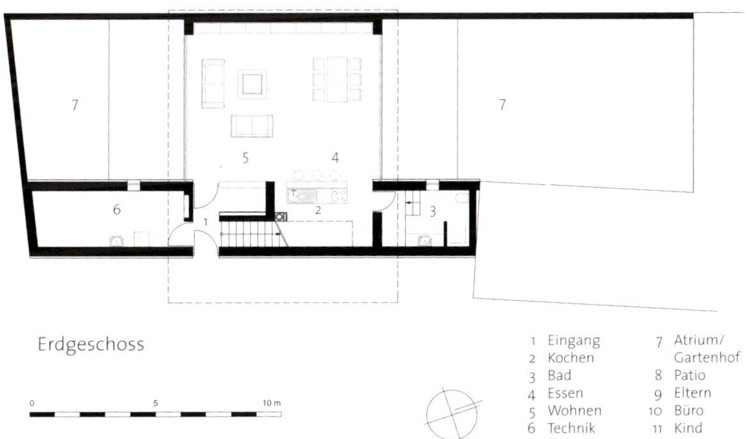

Erdgeschoss

1 Eingang
2 Kochen
3 Bad
4 Essen
5 Wohnen
6 Technik
7 Atrium/Gartenhof
8 Patio
9 Eltern
10 Büro
11 Kind

für direkten visuellen Kontakt. Grundsätzlich spielt der Baustoff Glas insofern eine wichtige Rolle für das architektonische Konzept, als die Wirkung des Baukörpers stark vom Zusammenspiel des großenteils verglasten Erdgeschosses und des holzverschalten, leicht auskragenden und fast schwebend wirkenden Obergeschosses lebt. Ein vielgestaltiger Baukörper mit höchstem Wohnwert.

Baudaten

Standort	Kronach/Bayern
Sanierungs- und Umbauzeitraum	2005 (8 Monate)
Grundstücksfläche	ca. 1430 m² (inklusive zugehöriger Immobilien)
Wohnfläche	130 m²
Bruttorauminhalt	554 m³
Baukosten	keine Angaben

28 Weiße Villa als Innenraum-Kunstwerk

Architektur: Martin Martin Delgado, Arrecife/Lanzarote (Spanien)

Bereits aus der Ferne nimmt den Betrachter der Kontrast aus der dunklen Lavalandschaft mit ihrem kargen Bewuchs und der strahlend weißen Architektur gefangen. Pfeilartig dynamische Dachformen über einer schwarzen Wandscheibe aus Naturstein leiten über den Carport zum Eingang hin, in dessen ansonsten hoch geschlossener Straßenfassade nur ein kreisrunder Durchgang zum gedeckten Vorhof frei gelassen wurde, der zugleich die Abgrenzung nach außen wie auch den einladenden Übergang nach drinnen bildet. Das Spiel mit den Gegensätzen erweist sich bei diesem Gebäude als vielleicht wichtigstes und wirkungsvollstes architektonisches Stilmittel.

Von der ebenerdig angelegten, nicht zuletzt zum Schutz vor den rauen Nordwinden sehr hermetisch wirkenden Eingangsseite geht es über eine filigrane Treppe drei Meter nach unten zum großen Wohnraum auf der Südseite, der sich mit seiner Glasfassade über zwei Geschosse ganz nach außen öffnet. Vorgelagert ist eine große Terrasse mit Poolbereich, dahinter erheben sich die vulkanischen Hügel Lanzarotes, in naher Ferne zeigen sich die Inselhauptstadt Arrecife und das Meer. Dem Eingang auf der Straßenebene zugeordnet ist ein beispielsweise von Gästen genutzter Bereich mit Schlafzimmer, Bad und

Oben Ansicht von Nordosten mit dem dynamisch gestalteten Carport. Teils verputzte weiße Wände, Decken und Säulen aus Beton treten in eine kreative Zwiesprache mit dem dunklen Lavagestein und den das Grundstück säumenden, auf Lanzarote heimischen Pflanzen.

Ganz oben Weißer Wohntraum auf den Kanaren: Der Blick auf das Haus von Süden erklärt das gekonnte Spiel zwischen innerem und äußerem Bereich mit der vor dem Wind schützenden Wandscheibe.

Seite 135 Traum-Ausblick aus dem Wohnraum zum Pool und in die Landschaft. Die Terrassen-Möblierung ist vom Architekten selbst entworfen und vom Schreiner sondergefertigt worden. Diese westseitige Verglasung erstreckt sich über zwei Wohnebenen und unterstreicht damit die Raumhöhen und die Großzügigkeit des Innenraums.

Ankleide, ansonsten findet sich auf der unteren Ebene ein zweiter Schlaf- und Badbereich, der dem großen, hallenartigen Wohn- und Essraum zugeordnet ist. Bestimmendes Raumelement ist ohne Zweifel das Volumen des Raums und dessen nahtlos erscheinender Übergang zur Landschaft, aber auch das kunstvolle Nebeneinander großer und kleiner, offener und behüteter, klarer und stimmungsvoll intimer Bereiche. So finden sich in der Küche in Blau und Orange lebhaft kolorierte Einbaumöbel, im Schlafzimmer tiefrote

Oben Die Gestaltung des Wohnbereichs ist von asiatischem Wohndesign beeinflusst. Die Schiebetür links mit ihrer charakteristischen Gitterstruktur wurde aus Eichenholz gefertigt, hochwertige Tonfliesen (von Colorker) bilden hier den Bodenbelag.

Oben links Das Schlafzimmer besitzt eine abgehängte Decke aus dunkel gebeiztem Steineichenholz. Als Bodenbelag entschied man sich für das Holz des Maulbeerbaums.

Wandscheiben und asiatisch beeinflusste Holz-Paravents in Gitterstruktur. Ein drehbares Panoramafenster ermöglicht die fallweise Abgrenzung oder Zusammenschaltung des oberen und unteren Wohnbereichs. Im Außenraum befindet sich eine Metallskulptur genau im Blickfeld des kreisrunden Zugangs, was zugleich den Blick in die Landschaft lenkt. Eine Traumvilla auf einer Trauminsel, angefüllt mit spannenden Architektureinfällen, mit einer übergreifenden klaren, architektonischen Hülle.

Blick durch den offenen Essbereich zur Treppe. Der Tisch ist eine Stahlkonstruktion mit Glasplatte, die Drehstühle „Ero S" designte Philippe Starck (produziert von Kartell). Die Tonplatten spanischer Herkunft sind nicht nur für den Boden, sondern auch für die Wand hinter der Sitzecke verwendet worden.

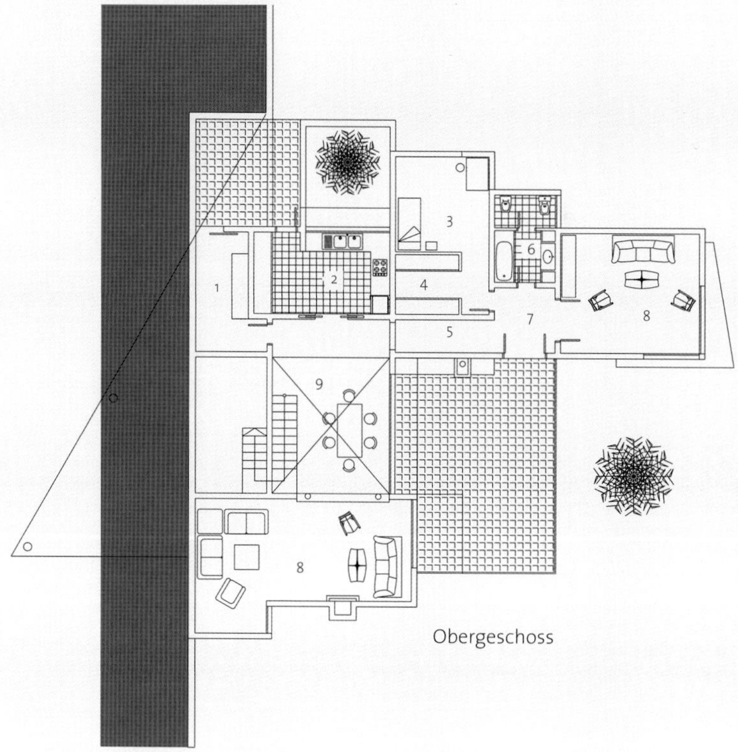

1 Waschküche
2 Kochen
3 Schlafen
4 Ankleide
5 Flur
6 Bad
7 Diele
8 Wohnen
9 Essen

Obergeschoss

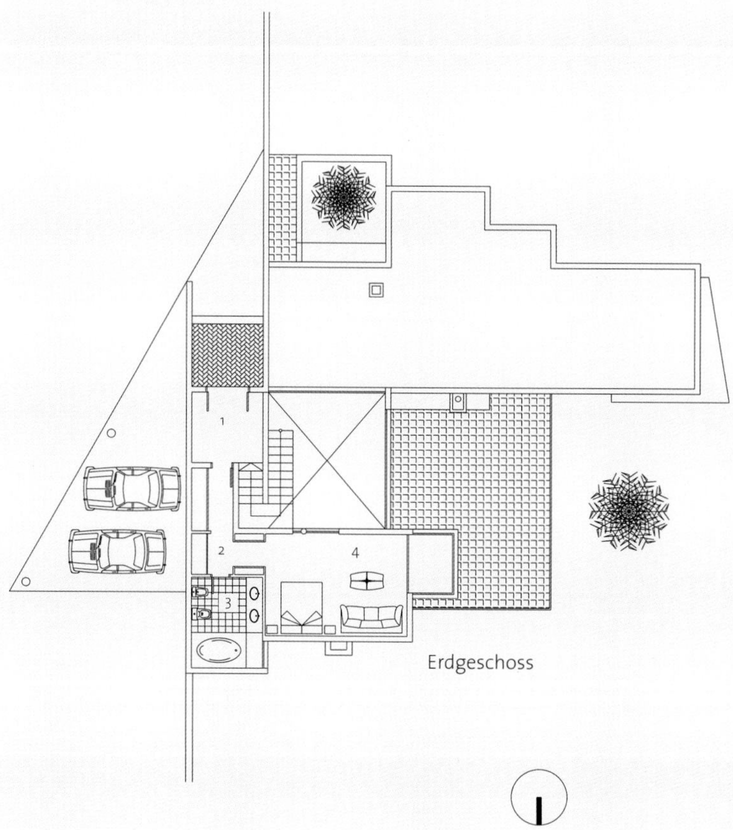

1 Flur
2 Garderobe
3 Bad
4 Schlafen

Erdgeschoss

Oben Blick vom Eingangsbereich in das Schlafzimmer. Den Blickfang bildet hier die drehbare Scheibe aus gebürstetem Glas. Raffiniert eingeplant ist der direkte Durchblick in die Landschaft.

Oben links Blick in die Küche mit Schiebetüre aus Eiche. Der Korpus präsentiert sich in einem freundlichen Farbmix aus den Grundfarben Gelb, Rot und Blau, die vor den weißen Flächen besonders gut zur Geltung kommen.

Unten Der Haupteingang mit Wand aus örtlich vorhandenem Lavagestein, Durchgang aus zehn Millimeter dickem Stahl und Durchblick zur innenliegenden Terrasse.

Baudaten

Standort	Lanzarote (Spanien)
Bauzeitraum	1998 (9 Monate)
Grundstücksfläche	240 m²
Wohnfläche	190 m² auf zwei Ebenen
Bruttorauminhalt	570 m³
Baukosten	350 000 €

29 Raumkunst nahe Bachauen und Wald

Architektur: Theodor Merk, Glöttweng

Dass ein Haus warm, wohlig und im besten Sinn gemütlich ist und sich gleichzeitig einer klaren, unzweideutigen Formensprache bedient, ist bisher eher noch die Ausnahme als die Regel. Das vom Bauherrn selbst geplante Haus der Familie Merk ist ein solch architektonischer Leuchtturm, der auf dem schwäbischen Land die Klarheit traditioneller Baukultur aufnimmt und sie mit den Erkenntnissen zeitgemäßer Architektur zu einem bescheiden überzeugenden Ganzen vereint.

Nur Kuhweiden, Pferdekoppeln und eine erlenbestandene Bachaue trennen das vor einigen Jahren neu errichtete Einfamilienhaus vom Rand des Waldes, der sanft nach Süden hin ansteigt und in angemessener Entfernung das Sichtfeld begrenzt. Gleichsam als letzter Vorposten der kleinen dörflichen Siedlung in der Landschaft scheint hier das übrige bebaute Umfeld weit entfernt zu sein. Zumal die zum Ort hin orientierte Eingangsfassade des ohne Dachüberstände auskommenden Hauses nur wenige Fensteröffnungen aufweist, verstärkt sich die Orientierung der Architektur und des Innenraums zur Landschaft.

Drei über zwei Geschosse laufende Glaselemente auf der Südseite machen den bis zum First

Oben Ansicht des Hauses von Süden mit der großflächig verglasten Fassade und den Schiebeläden. Auf dem Dach 16 Quadratmeter Solarkollektoren. Die Firstverglasung dient der Belichtung des Dachgeschosses.

Links Blick auf das Gebäude von Nordwesten mit dem Eingangsbereich.

Rechte Seite Blick über den Essplatz zum nach oben geöffneten Wohnbereich. Wände und Decken bestehen aus 10 Zentimeter dicken Brettstapelelementen. Das dafür verwendete Fichtenholz stammt aus heimischen Wäldern. Als Bodenbelag dient massive, gelaugte und geseifte Eiche. Die Innenwände erhielten einen feuchtigkeitsregulierenden und schadstoffabsorbierenden Lehmputz.

geöffneten Wohn-, Ess- und Kochbreich zum veritablen Wohn-Ereignis. Von früh bis abends, Sommer wie Winter zeichnen die Sonnenstrahlen ihre stets wechselnden Spuren in den Raum und belichten dabei das Treppenhaus gleich mit. Eine Brücke im Obergeschoss überspannt den Wohnbereich und macht den Raum dadurch erst optimal erlebbar – im Grundrisssystem damit traditionellen Mittertennhäusern der Region nachempfunden. Glasgefüllte Brüstungen und filigrane Konstruktionen erhalten die sich aus verschiedenster Warte ergebenden Blicksituationen. Und wenn die Sonne einmal zu stark ist, lassen sich die in den Maßen der Glaselemente dimensionierten Schiebeläden – eine moderne Interpretation des Scheunentors – so verrücken, dass im Inneren keine Überhitzungserscheinungen, dafür aber reizvolle Licht-und-Schatten-Effekte aufkommen. Auch das Raumklima des Passivhauses profitiert von den durchwegs verwendeten ökologischen Baustoffen, die einen ungehinderten Feuchtigkeitsaustausch und eine schadstofffreie Raumluft garantieren. Die geringe noch benötigte Heizenergie erzeugen ein wohnraumintegrierter Pelletsofen und dachmontierte Solarkollektoren, eine kontrollierte Wohnraumbe- und entlüftung sorgt im ganzen Haus für stets ausgeglichene Temperaturen.

Insgesamt ein architektonisch herausragendes Gesamtwerk mit erstaunlich spannungsreicher Innenarchitektur und bester Wohlfühl-Qualität zu einem außergewöhnlich günstigen Preis!

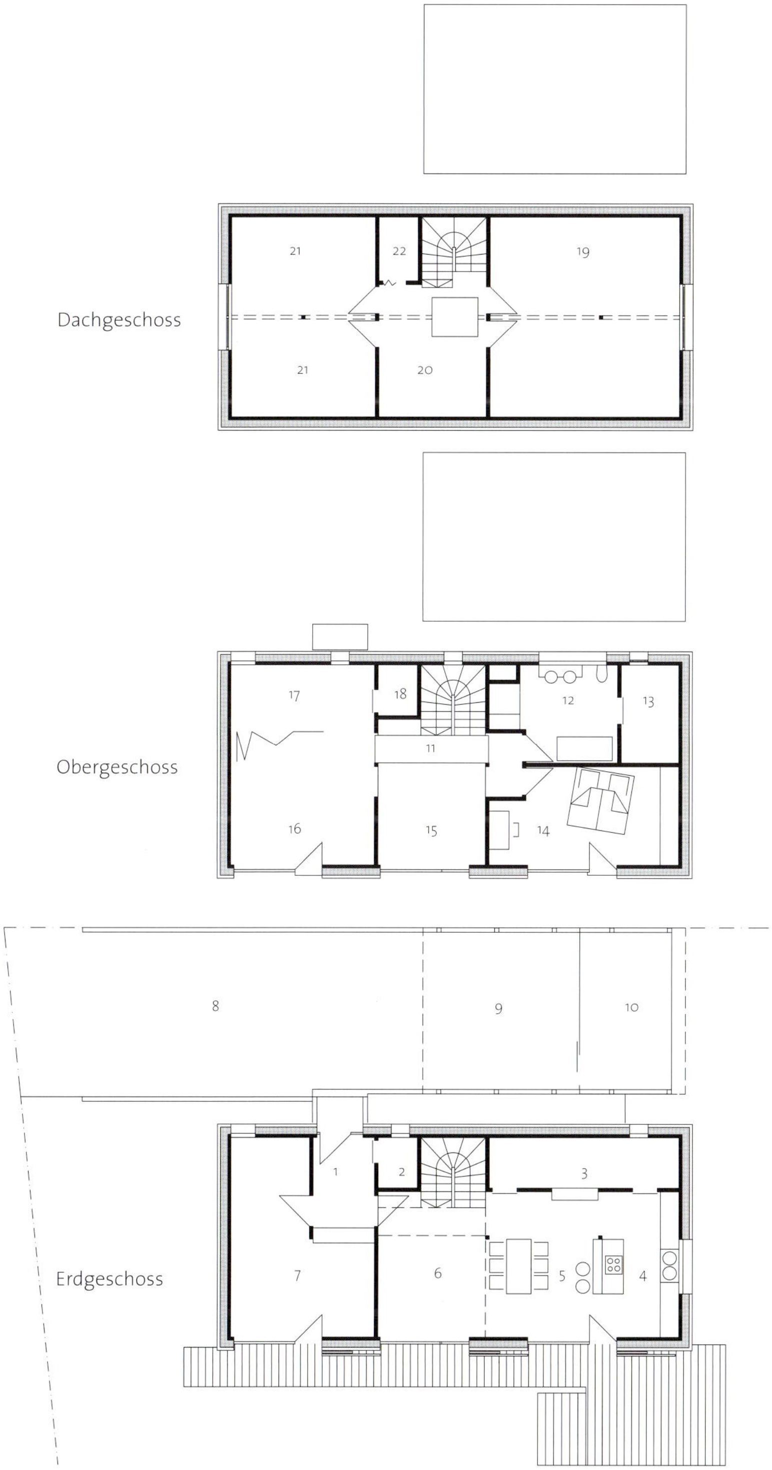

1 Windfang
2 WC/Dusche
3 Abstellraum/ Technik/Vorrat
4 Kochen
5 Essen
6 WG
7 Einlieger-Whg.
8 Zufahrt
9 Carport
10 Geräteraum
11 Steg
12 Bad
13 Waschen
14 Schlafen
15 Luftraum
16 Wohnen
17 Hauswirtschaft/ Arbeiten
18 Abstellraum
19 Studio
20 Galerie
21 Zimmer
22 WC

NORD 1 m

Oben Ansicht des Gebäudes von Südosten. Fassadenverkleidung, Schiebeläden und Terrassenbeläge bestehen gleichermaßen aus unbehandeltem Lärchenholz. Die aus Flachstahl konstruierte Pergola soll in einiger Zeit mit Kletterpflanzen bewachsen sein und dann für die Beschattung des Freisitzes sorgen.

Linke Seite links Blick von der den Luftraum durchschneidenden Brücke in das Erdgeschoss.
Rechts Einblick von außen durch ein dreifach verglastes Fensterelement in den Wohnraum.

Baudaten

Standort	bei Burgau/Bayern
Bauzeitraum	2002 (6 Monate)
Grundstücksfläche	900 m²
Wohnfläche	216 m² auf drei Ebenen
Bruttorauminhalt	899 m³
Baukosten	238 000 € (zuzüglich ca. 60 000 € Eigenleistung)

30 Wohnen und Arbeiten im Naturparadies

Architektur: Andreas Petermann, Augsburg

Wenn Architekten eine Bleibe zum Leben und zum Arbeiten suchen, geht es natürlich auch immer darum, das geeignete Umfeld für die eigene Kreativität zu finden. Die verheirateten Landschaftsarchitekten Maria-Theresia Mayr und Gunnar Robbe erkoren ein idyllisches Waldrand-Grundstück in starker Hanglage zum Standort ihres neuen Lebensmittelpunkts.

Zusammen mit den Bauherren entwarf der Augsburger Architekt Andreas Petermann ein Wohnkonzept, das sowohl die architektonische Gestalt als auch die knapp formulierten Ansprüche der Bauherren, „Licht und Luft", auf einen perfekten gemeinsamen Nenner brachte: Auf zwei Ebenen – die obere aktiv und zur Umwelt exponiert, die untere eher introvertiert – entstand ein Flachdachgebäude in Glas und Weiß, das wunschgemäß enorm helle Räume mit offenen Raumstrukturen und weiten Durch- und Ausblicken verbindet. Während der eingeschossige Bürobereich zum nördlichen Wald ausgerichtet ist, orientieren sich die Funktionen Wohnen, Essen und Kochen sowie der Lesebereich ebenso wie die im Untergeschoss untergebrachten Zimmer – Gästebereich und Medienraum – auf zwei Etagen ganz nach Süden. Licht kommt nicht nur durch die großen Glasscheiben, sondern auch durch kreisrunde

Oben Blick entlang der Südfassade. Die überdachte Terrasse ist mit einem Bodenbelag aus massivem, unbehandeltem Edelkastanienholz versehen.

Ganz oben Die Ansicht des Hauses von Südwesten zeigt die klare äußere Gestaltung und den hohen Glasanteil der nach Süden orientierten Fassade. Die geschlossenen Partien sind mit Douglasie-Dreischichtplatten verschalt. Links hinten befindet sich der Eingang.

Der Blick durch das Erdgeschoss Richtung Südwesten zeigt die Durchgängigkeit des Raumeindrucks, die von dem einheitlichen Bodenbelag aus Schiefer noch unterstützt wird. Der offene Kamin ist vom Ofenbauer nach dem Entwurf des Architekten aufgemauert worden. Links die Sitzecke, rechts hinten der Eingang. Runde Lichtkamine belichten den zentralen Bereich zusätzlich mit.

Dachsheds ins Haus, die gleichsam als Lichtkamine wirken und ein angenehm weiches Licht spenden. Von nahezu jeder Position im Erdgeschoss bieten sich wunderschöne Durchblicke in die verschiedensten Richtungen, auf der vollflächig verglasten Südseite bis weit in die Landschaft. Transparente Abtrennungen wie Glastüren sorgen punktuell und bei Bedarf für die Separierung von Bereichen, beispielsweise Eingang und Wohnbereich beziehungsweise Wohnen und Arbeiten, lassen dabei aber das Licht passieren und halten den Raumzusammenhang offen. Anstelle trennender Wände untergliedern individuell geplante und sondergefertigte Schrank- und Regalwände den Raum und nutzen ihn optimal aus. Durchgängigkeit heißt hier aber auch, die Übergänge zwischen Drinnen und Draußen weitgehend aufzulösen. Große Glasschiebetüren öffnen sich zum Balkon, der mit seiner beachtlichen Tiefe eine besonders hohe Aufenthaltsqualität bietet. Alternativ gelangen die Bewohner auch über einige Treppenstufen vom Haupteingang oder über das Unter-geschoss direkt in den Garten.

Um das Grundstück optimal auszunutzen, wurde das Haus so weit wie nur möglich in die nordöstliche Ecke des Grundstücks „geschoben", wodurch sich der Hanggarten in seiner ganzen Größe erfassen lässt. In einiger Zeit soll hier nach eigener Planung eine naturnahe, sorgfältig geplante Terrassenanlage entstehen, die das paradiesische Naturrefugium komplettieren wird.

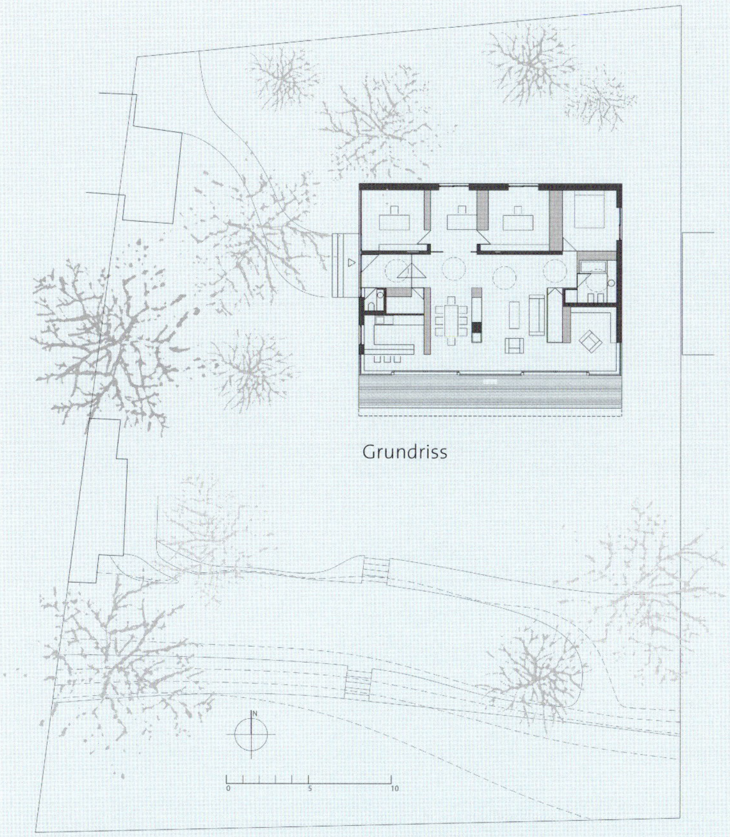

Grundriss

Linke Seite Essen und Entspannen mit unmittelbarem Naturbezug. Die vom Schreiner nach den Plänen der Bauherren sondergefertigten Einbauschränke und -regale strukturieren den Raum. Links der Abgang zum Untergeschoss.

Unten Durchblick entlang der Südfassade bis zur Küche.

Blick in die halboffene, dem Essbereich zugeordnete Küche mit originellen Hängeleuchten aus den 1970er Jahren.

Baudaten

Standort	bei Augsburg/Bayern
Bauzeitraum	2004–2005 (9 Monate)
Grundstücksfläche	1740 m²
Wohnfläche	208 m² auf zwei Ebenen (zuzüglich 30,6 m² Nutzfläche)
Bruttorauminhalt	887 m³
Baukosten	keine Angaben

31 Wohlfühl-Würfel zwischen Bäumen

Architektur: Andreas Petermann, Augsburg

Auf einem Siedlungsgrundstück der 1950er Jahre entstand ein Wohnkubus, der die perfekte Melange aus extremer Schlichtheit und bestem Wohnerlebnis darstellt. Architekt Andreas Petermann hatte Ende der 1990er Jahre zusammen mit seiner Schwester die große Parzelle erworben, auf der sich noch ein weitgehend im Urzustand erhaltenes Siedlungshaus befand. Der große Garten mit alten Obstbäumen bot die Möglichkeit, einen Erweiterungsbau vorzusehen, der vom alten Haus die Klarheit und Funktionalität, seine Gestalt aber von der Moderne übernahm. Der kompakte Würfel mit acht Metern Seitenlänge dient nun dem Architekten als Wohn- und Arbeitstätte, während der Altbau von Schwester und Neffe bewohnt wird. Bei Bedarf können die beiden nebeneinander platzierten Baukörper später auch durch eine Schleuse verbunden werden.

Auf zwei Ebenen bietet sich im neuen Haus ein angesichts der Grundfläche erstaunlich großzügiger Raumeindruck, der sich dem planvollen Umgang mit der zur Verfügung stehenden Fläche verdankt. Im Erdgeschoss gibt es keine trennenden Wände außer der Wandscheibe zur Treppe, zum Wohnraum hin wurde sie für eine Einbau-Küchenzeile genutzt. Darin verschwinden sämtliche Geräte und Utensilien, die das Konzept

Seite 148 oben Ansicht von Südwesten. Die Eichenfassade mit den integrierten Schiebeläden prägt das äußere Erscheinungsbild.
Unten Der Blick von der südlichen Gartenseite macht die symmetrische Gestaltung deutlich.

Seite 149 Offenheit mit Ausblick – der Garten ist auch im Innenraum stets präsent. Die klare, sparsame Möblierung trägt ihren Teil zur Raumwirkung bei (Sofa, Beistelltisch und Sideboard von BoConcept).

Oben Blick durch den Schlaf- und Badbereich im Obergeschoss. Die weißen Wände, Decken und Einbaumöbel lassen die gezielt eingesetzten Materialien eindrucksvoll wirken. Links hinten verbirgt sich die Dusche. Spiegelschrank und Installationswand sind nach dem Entwurf des Architekten vom Schreiner gefertigt worden (Waschbecken: Duravit „Vero"; Armaturen: Steinberg „Serie 100"/ Teknobili plus; Einbaumöbel vom Schreiner nach Entwurf des Architekten.

der Klarheit und Offenheit beeinträchtigen könnten. Steckdosen wurden in den Fußleisten integriert, Wandheizungen lassen die Räume unverstellt. Somit entfalten Räume, Einbauten und gezielt gesetztes Mobiliar die bestmögliche Wirkung. Weiße Wand- und Deckenflächen schaffen visuelle Größe, glänzende Oberflächen der Einbauschränke spiegeln Innen- und Außenraum vielfach wider.

Das Einraum-Konzept der unteren Ebene findet sich im Prinzip auch oben wieder, wo nur eine Wandscheibe die Funktionen Schlafen/Bad und Arbeiten trennt. Die strukturelle Klarheit wäre aber nichts, wenn sie nicht durch die Lichtführung unterstützt und mit Leben erfüllt würde. Auf der Süd- und Westseite geschossweise versetzte Glasfronten, die durch identisch dimensionierte Holzschiebeläden verschattet werden können, lassen viel Sonnenlicht herein und erlauben faszinierende Ausblicke nach draußen. Die blühenden Wiesen sowie Apfel-, Kirsch- und Birnbäume machen das Leben zwischen Drinnen und Draußen zur zeitgemäßen Idylle.

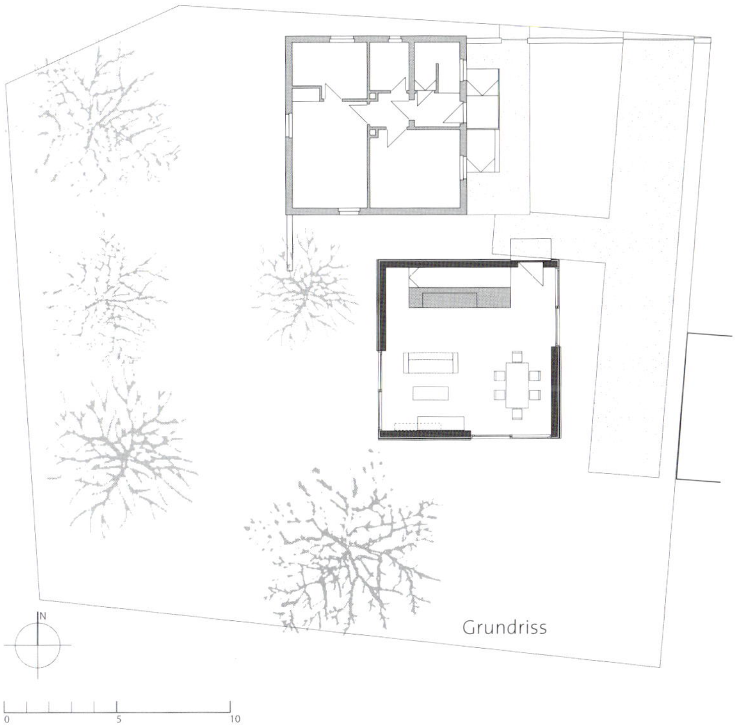

Seite 150 links Blick durch den Raum Richtung Südosten. Die Hebe-Schiebetüren lassen sich weit aufschieben und holen damit quasi den Garten ins Haus. Bei den Decken handelt es sich um Holzkasten-Elemente mit Sichtoberflächen (von Lignatur).

Oben Raumhohe Schiebefenster lösen die Grenzen zwischen Innen- und Außenraum auf.

Unten Der Architekt beim Ausspannen. Hinten die Küchenzeile.

Baudaten

Standort	Augsburg
Bauzeitraum	2006–2007 (8 Monate)
Grundstücksfläche	796 m²
Wohnnutzfläche	103 m² auf zwei Ebenen
Bruttorauminhalt	430 m³
Baukosten (gesamt brutto)	ca. 119 500 €

32 Ein Gartenhaus als neuer Familien-Mittelpunkt

Planung: Martin Pool und Susanne Birkel Architekten, München

Ein außergewöhnliches Haus mit Atmosphäre und Charakter: Was in der Architektur-Landschaft fast schon so schwer zu finden ist wie die notorische Stecknadel, gelang Pool + Birkel Architekten zusammen mit der Familie Näther bei ihrem Werk in einem Stadtteil von München. Die nicht ganz unproblematische Aufgabenstellung bestand darin, auf dem Grundstück eines bestehenden Mehrfamilienhauses ein Haus für eine fünfköpfige Familie „anzudocken" und mit dem bestehenden Wohnraum zu verbinden.

Der lärchenholzverschalte Bau mit zwei Ebenen und Dachterrasse nutzt die vorhandenen Restflächen optimal aus und ermöglichte es damit, auf der Nordseite den großen Garten mit alten Trauerweiden und Obstbäumen zu erhalten. Mit eigenem Zugang versehen, umfasst das Erdgeschoss einen erhöhten Koch- und Barbereich für den schnellen Imbiss sowie zum Garten hin einen wunderschönen Essplatz und ein „Kuschel-eck" am Kamin. Ein schöner alter Esstisch und die Bestuhlung in unbehandeltem Massivholz unterstreichen die warme Atmosphäre, die sich bestens mit den modernen innenarchitektonischen Elementen verträgt. Große, teils aufschiebbare Glasfronten lassen vergessen, dass man nach Norden blickt und rücken den Garten in den Fokus.

Oben Ansicht der Erweiterung von Nordwesten. Der lärchenholzverschalte Kubus mit den Elternzimmern scheint über dem offenen Wohnraum zu schweben, von dem aus die großen Schiebefenster einen direkten Zugang zum Garten bieten.

Seite 153 Ein Kaminblock aus rauem Beton trägt die Massivholz-Decken. Alle Oberflächen wurden unbehandelt belassen. Dazu passt der ebenfalls nur geölte antike Esstisch, über dem selbst kreierte Hängeleuchten aus Pergamentpapier sanftes Licht spenden. Die Esstischbank setzt sich bis zum gemütlichen Eck am Ofen fort.

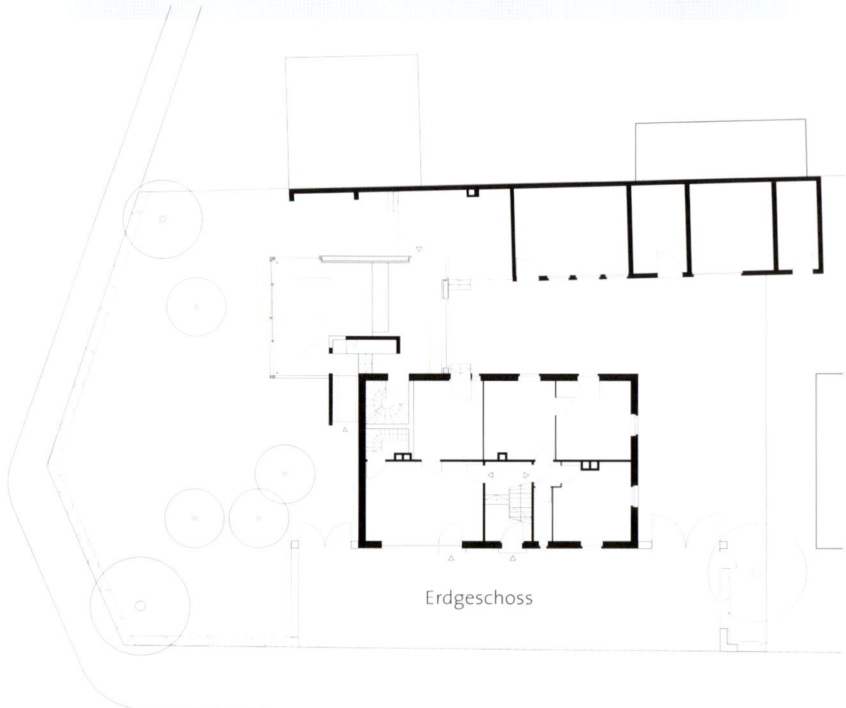

Erdgeschoss

Zusätzliche Belichtungsöffnungen nach Osten und Süden verteilen die Helligkeit gleichmäßig im Erdgeschoss, sind aber so bemessen und gesetzt, dass unerwünschte Ein- und Ausblicke auf das nah herangerückte Umfeld vermieden werden.

Eine Treppe erschließt das Obergeschoss mit dem Wohnbereich der Eltern sowie einer dem Haus zugeschlagenen früheren Mietwohnung, in der sich heute das Reich der drei Kinder befindet. Über ein gemeinsames Bibliotheks- und Musikzimmer geht es über eine himmelsleiterartige Treppe zur neu geschaffenen Dachterrasse mit Ausblick auf den nahen Nymphenburger Kanal und dessen grünen Uferbereich, der zu langen Spaziergängen einlädt.

Linke Seite und ganz unten Der Niveau-Versatz zwischen Wohnbereich und Küche bildet eine gemütliche Kaminsitzecke, die schnell zum Lieblingsplatz aller Familienmitglieder geworden ist. Die Rückwand der Küchenzeile dient als Lehne.

Rechts Von der etwas erhöht gelegenen Küche bietet sich ein guter Blick durch den Raum, stets ist eine optimale Kommunikation zwischen den verschiedenen Bereichen möglich. Die Raumhöhen steigen von der Küche bis zum Garten an, wodurch das Volumen und der Eindruck von Großzügigkeit noch gesteigert werden.

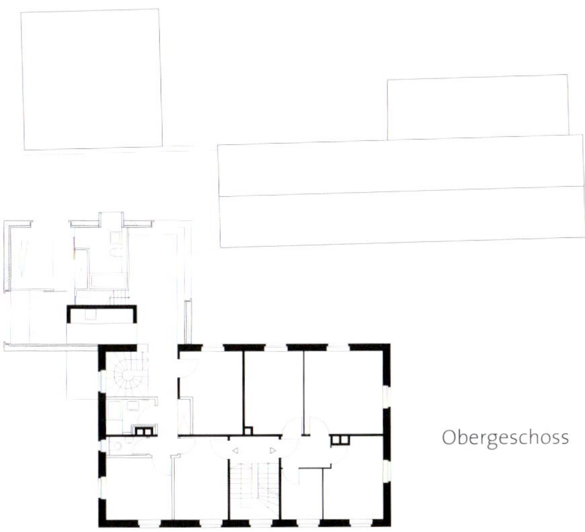

Obergeschoss

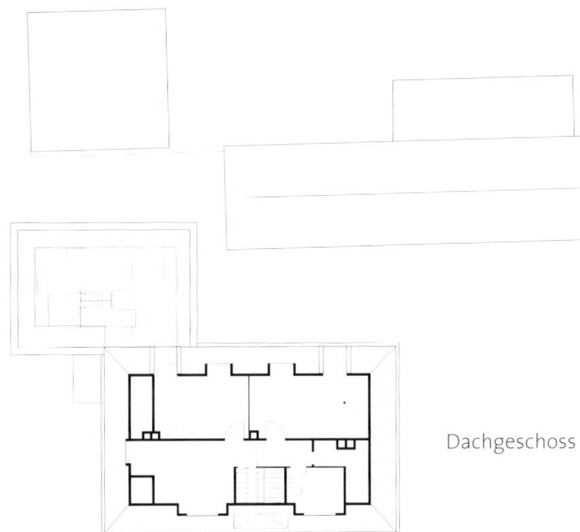

Dachgeschoss

Baudaten

Standort	München
Bauzeitraum	2005–2007 (in Etappen)
Grundstücksfläche	800 m²
Wohnfläche	149 m² im Neubau, 189 m² im Altbau
Bruttorauminhalt	548 m³ im Neubau, 1145 m³ im Altbau
Baukosten (gesamt brutto)	ca. 240 000 € (Neubau inklusive Kinderbereich)

33 Schillernde Wohn-Skulptur zwischen Obstbäumen

Architektur: PPAG Architects ZT GmbH, Wien

Das Burgenland – eine ideale Rückzugsregion für Großstadtflüchtlinge und zunehmend auch eine Architekturlandschaft, in der neben sanierten Altbaudomizilen auch moderne Neubauten die Nähe zur unberührten Natur suchen. PPAG Architects bewiesen hier mit ihrem vielfarbig schillernden Wohn-Meisterwerk, dass kontemplative Schönheit und Moderne eine perfekte Symbiose eingehen können.

In einer Hängematte zwischen Apfelbäumen können die Füße und die Gedanken baumeln, während das Einfamilienhaus die Obstwiese in seinen Oberflächen widerspiegelt und somit selbst zu einem Teil des natürlichen Umfelds wird. Das äußere Kleid des ansonsten in Holz konstruierten Gebäudes besteht aus Aluminium, das mit einem sonst gern bei Autos eingesetzten Lack behandelt ist. Dieser schimmert je nach Sonnenstand, Sonnenscheinintensität und Tageszeit in blauen, violetten, grünen, grauen, gelben bis hin zu weißlichen Nuancen, deren Wahrnehmung sich zusätzlich auch mit der Position des Betrachters verändert. Die in sich vielfach gebrochene Kubatur lässt das Gebäude zusammen mit der speziellen Farbgebung wie ein riesiges Prisma wirken, das einen mannigfachen, expressiv gebrochenen Widerschein der Umge-

Oben Entspannung im Obstgarten: Die Natur wird in der hoch glänzenden Außenhaut durch Schattenwurf und Spiegelungen abgebildet. Der Garten ist bewusst in seinem ursprünglichen Zustand belassen worden.

Ganz oben Ansicht von Westen mit dem Eingangsbereich und der vorgelagerten Terrasse. Die lackierte Fassade aus Aluminium-Platten lässt das Haus bei veränderlichen Außenverhältnissen wie ein Chamäleon changieren.

Seite 157 Im gesamten Haus sind umlaufend raumhohe Regale in die Außenwände integriert, die die Gestaltung der äußeren Hülle beeinflussten und durch ihre Offenheit jedem Raum ein eigenes Gesicht geben. Alle Fenster- und Türkonstruktionen in der Fassade sind Aluminiumprofil-Konstruktionen mit großen, raumhohen Öffnungen.

Oben links und Mitte Das Kinderzimmer bietet jede Menge Stauraum in der Regal-Wand, einen wunderschönen Blick vom Bett nach draußen und durch ein Guckfenster sogar direkten Sichtkontakt mit dem Wohnraum im Erdgeschoss. Hier wird das Prinzip der versetzten Ebenen mit dem eineinhalbgeschossigen Wohnraum deutlich. Die Konstruktion der vorgefertigten Massivholzelemente bleibt im Innenraum großenteils sichtbar. Die farbigen Böden und holzsichtigen Decken kehren das gewohnte Bild (Holzboden und weiße/farbige Decke) einfach um.

Oben rechts Die Bäder sind vom Boden bis zur Decke mit 5 x 5 Zentimeter großen, blauen Mosaikfliesen ausgekleidet. Eine transparente und Raum sparende Nurglaskonstruktion trennt die bodenebene Dusche ab.

bung erzeugt. So verschmelzen Haus, Himmel und Landschaft zu einer fast unwirklich schönen architektonischen Skulptur.

Die Innenarchitektur setzt die Vielgestaltigkeit des Äußeren in eine spannungsreiche Abfolge unterschiedlicher Raumhöhen und Ebenen um. Nach außen, zum riesigen Obstgarten, orientiert sich der mit einer großen Panoramascheibe versehene und über zwei Geschosse geöffnete Wohnraum, Essplatz und Küche ducken sich unter eine niedrigere, beschützende Holzdecke. Mittig in das Erdgeschoss eingeschaltet, erschließt die im Obergeschoss abknickende Treppe die einzelnen, auf verschiedensten Niveaus liegenden Zimmer. Das am oberen Ende der Raumabfolge positionierte Elternschlafzimmer bietet über eine separate Außentreppe Zugang zur großen Dachterrasse mit weitem Blick in den Garten und in die burgenländische Landschaft. Die Nähe zur Natur wird durch die überall sichtbaren Holzelemente von Konstruktion und Wandverschalungen in das Haus transportiert. Auch die meisten Wände zeigen Holzoberflächen, die Böden sind demgegenüber oft farbig akzentuiert – das Kinderzimmer in beruhigendem Blau, das Gäste- und Arbeitszimmer in belebendem Rot. Im Badezimmer tauchen die Bewohner in ein sagenhaftes, mosaikgefliestes Hellblau ein. Ein äußerst innovatives, aber auch sehr naturverbundenes und erlebnisreiches Haus, das keine Wohlfühlträume unerfüllt lässt!

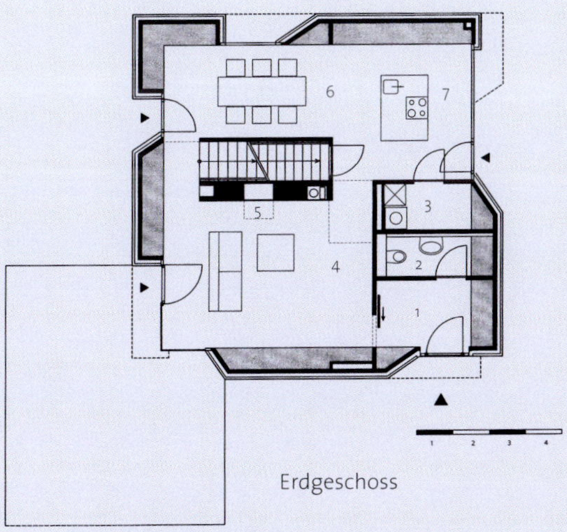

1 Vorraum
2 WC
3 Abstellraum
4 Wohnen
5 Kamin
6 Essen
7 Kochen

Erdgeschoss

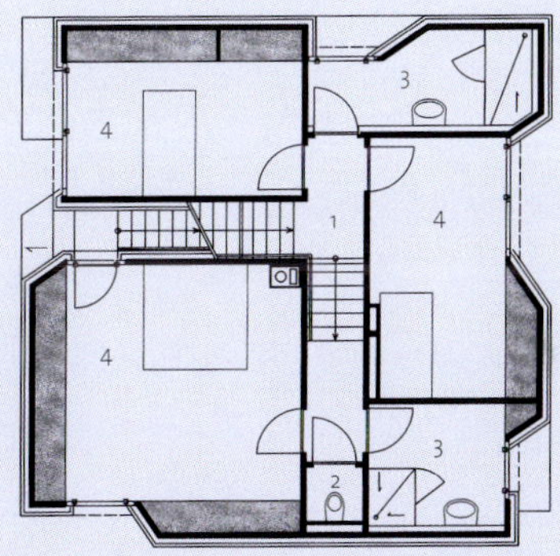

1 Flur
2 WC
3 Bad
4 Zimmer

Obergeschoss

Oben links Die umlaufenden Regale werden in der Küche zu einer durchlaufenden Arbeitsfläche mit verschließbaren Elementen. Die von gekantetem Aluminium-Blech eingehauste Kochinsel nimmt alle Geräte auf.

Oben rechts Das Wohnzimmer bleibt bis auf die Couch möbelfrei. Ein Kamin ist in die mittlere – übrigens als einzige gemauerte – Wand integriert, dahinter führt die Treppe zu den Schlafzimmern hinauf.

Baudaten

Standort	Burgenland (Österreich)
Bauzeitraum	2005–2006 (8 Monate)
Grundstücksfläche	2000 m²
Wohnfläche	150 m² (ohne Regale)
Bruttorauminhalt	600 m³
Baukosten	keine Angaben

34 Wohn-Arrangement in Perfektion

Architektur/Innenarchitektur: Thomas Pscherer, München, und Dorothea Ronneburg, Holzkirchen
Entwurf und Planung Küche/Garderobe: Uta Mannhardt

Geprägt von honigfarbenen Holzoberflächen und großen Glasscheiben, spielt der Lichteinfall für das Haus der Familie Waldmüller-Förster eine eminent wichtige Rolle. In bevorzugter Lage in der südlichen Ammerseeregion errichtet, blicken die Bewohner bei guter Sicht bis auf die Zugspitze. Das Haus übt auf den Besucher eine so starke visuelle Wirkung aus, dass es ungeachtet der existierenden Nachbarbebauung wie ein kleines Idyll für sich zu sein scheint.

Nicht zuletzt ließ es die Größe der Familie mit drei Kindern folgerichtig erscheinen, die Wohnbereiche von den Erschließungs- und Arbeitsbereichen zu trennen. Diese Funktion übernimmt nun der so genannte Fletz, der – ganz so wie im traditionellen Bauernhaus – über beide Traufseiten Eingangszone und Garten mit dem Treppenhaus verbindet. Damit muss der Wohn-, Ess- und Kochbereich keine Durchgangsfunktion erfüllen, sondern ist voll und ganz gemeinsamer Ruhepunkt.

Die großen, regelmäßig gesprossten Fensterflächen im Erdgeschoss sind von der Südseite bis weit über das südwestliche Hauseck gezogen, wodurch das Erdgeschoss mit den Funktionen Wohnen, Essen und Kochen im Winter und

Oben Ansicht der südlichen, zum Garten orientierten Traufseite. Die Fassade besitzt eine Holzrippenschalung aus unbehandelter Lärche, die Fenster schlagen nach Art skandinavischer Häuser nach außen auf. Links der weiß abgesetzte Bürotrakt.

Rechte Seite Blick durch den Wohnraum in Richtung Südwesten. Die Pfosten-Band-Fassade besitzt eine Glasecke und geht stufenlos in die Terrasse über, was der Belichtung, den Blickbeziehungen und der Durchgängigkeit immens zugute kommt.

Oben Das Elternschlafzimmer überzeugt durch ein stimmiges, an die Nutzung angepasstes Farbkonzept aus Natur-, Rot- und Grüntönen, das bei direkter Sonneneinstrahlung bestens zur Geltung kommt. Der geölte Lärchenholzboden und die massive Holzdecke schaffen ebenso eine angenehme Atmosphäre wie die hölzernen Fensterlaibungen, die grün gestrichene Wandscheibe am Kopfende des Betts und das stilisierte Blumenbild. Der Lehmputz an den Wänden gewährleistet ein angenehmes Raumklima.

Oben rechts Blick in eines der Kinderzimmer, das von pastelligen, hellen Farben und dem Charme des traditionellen Bettes lebt.

Rechte Seite oben links Die von der Architektin Uta Mannhardt geplante Küche – einer der Lieblingsplätze der Familie – besitzt einen in den Küchenblock integrierten Barbereich.

Oben rechts Blick durch den Mittelflur in Richtung Garten mit floralem Arrangement auf antiker Konsole, das harmonisch mit dem floralen Fliesenbelag zusammenwirkt.

Ganz unten Garten-Idyll: Blick entlang der Südfassade in östlicher Richtung. Ganz hinten der Bürotrakt.

in der Übergangszeit als eine honigfarbene, sonnendurchflutete Wohnlandschaft erscheint. Die Logenplätze drinnen und draußen bei den Fenstern werden von den Erwachsenen und Kindern intensiv zum Entspannen und Spielen genutzt, aber auch der Sitzplatz, der „Imbiss-Block“ bei der Küche und der Esstisch sind einzigartig angenehme Aufenthaltsorte. Die Küche selbst ist nach den Plänen der Architektin Uta Mannhardt vom Schreiner sondergefertigt worden. Auch ansonsten fällt die Liebe zum Detail auf, so etwa bei der Doppelflügeltüre zwischen Essbereich und Flur oder auch bei der Auswahl der Fliesen für den durchlaufenden Mittelflur, die Vorbildern aus der Zeit des Jugendstils nachempfunden sind. Im Obergeschoss teilen sich die Kinder und Eltern einen jeweils eigenen Trakt, der durch das Treppenhaus separiert wird. Unter dem Dach soll eine Rückzugszone entstehen, ein Gäste- und Au-pair-Zimmer ergänzt das Raumprogramm.

Hier treffen sich perfekte Raumorganisation mit bester Belichtung, niveauvoller Innenarchitektur und individueller Ausstattung zu einem nicht nur sehr großzügigen, sondern auch in jedem Detail durchdachten Einfamilienhaus.

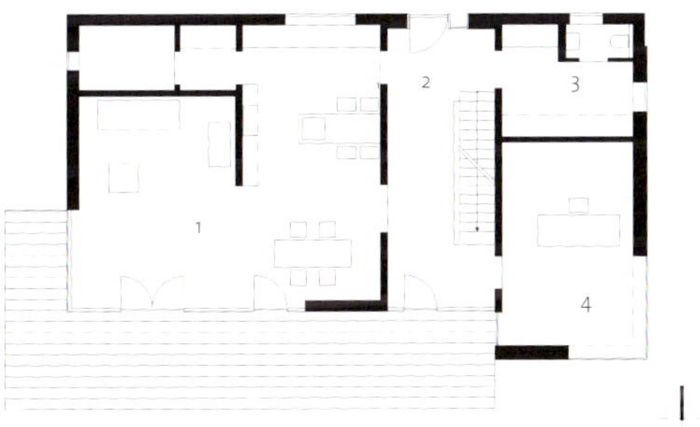

Erdgeschoss

1 Kochen und Wohnen
2 Diele
3 Garderobe
4 Arbeiten

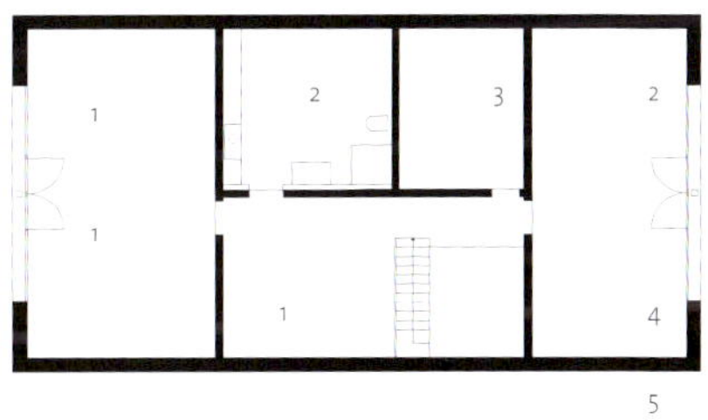

Obergeschoss

1 Kind
2 Bad
3 Ankleide
4 Eltern
5 Balkon

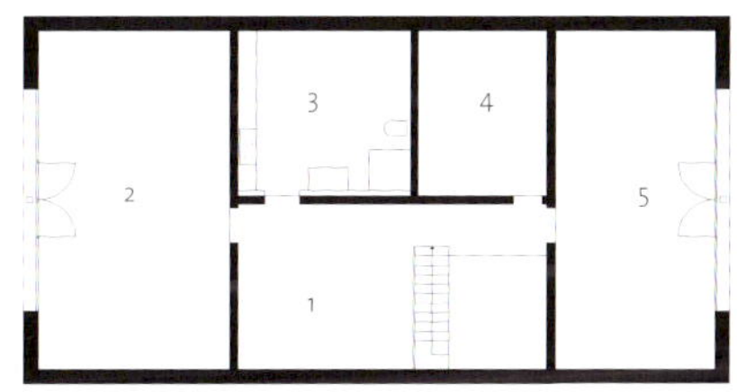

Dachgeschoss

1 Galerie
2 Gäste
3 Wellness
4 Sauna
5 Ruheraum

Baudaten

Standort	am Ammersee
Bauzeitraum	2006–2007 (7 Monate)
Grundstücksfläche	938 m²
Wohnfläche	259 m²
Bruttorauminhalt	949 m³ (ohne Keller)
Baukosten	keine Angaben

35 Farbkunst und Raumkunst

Architektur: rolf + hotz architekten / Matthias Hotz und Prof. Isabel Zuber, Freiburg i.Br.; Projektarchitekt: Holger Bachem

Wenn eine Künstlerin und ein Architekt zusammen planen, verspricht das Ergebnis zumindest schon einmal außergewöhnlich zu werden. Prof. Isabel Zuber und Matthias Hotz gelang bei der Umgestaltung ihres eigenen Wohnhauses in den grünen Hügeln von Freiburg sogar ein wahres Architektur-Kunst-Stück: Das von der Straße aus durch einen uralten Baumbestand verdeckte Walmdach-Gebäude von 1954 bot eine ideale Lage, erhielt aber im Äußeren und vor allem im Innern eine wahrhaftige „Frischzellenkur".

Während sich die Anpassungsmaßnahmen im Äußeren in erster Linie auf den Einbau neuer, größerer Fenster im Erdgeschoss, den Neuausbau des Dachgeschosses und die Anpassung des Dämmstandards bezogen, bietet das Innere nun eine komplett neue Interpretation des Raums. Der Umgang mit Farbe ist dabei ein sehr wichtiges Gestaltungsmittel: Alle Bereiche des Hauses besitzen ihre eigene farbliche Signatur, die unmittelbar auf die jeweilige Funktion bezogen ist. So empfängt den Besucher nach dem Durchschreiten des Eingangsbereichs eine türkisfarbene Küche, deren Design selbstbewusst Anleihen an Kochbereiche der 1960/70er Jahre nimmt. Dazu passend und stilecht wurden eine vielfarbige Bestuhlung und Beleuchtung für

Oben Zwischen hohen Bäumen und Farnwedeln erreicht man nach steilem Aufstieg das Haus am Hang.

Rechte Seite Wohnen, Essen und Kochen bilden einen Raumzusammenhang ohne trennende Wände. Design der 1960er und 70er Jahre paart sich dabei mit einem außergewöhnlich gelungenen Farbkonzept. Die Bestuhlung ist ein Klassiker-Mix aus Arne Jacobsens Modell „3107" und Jean Prouvés „Standard" (bei Vitra), der Tisch ein Entwurf des Architekten und Bauherrn. Darüber die originalen Sixties-Hängeleuchten „Flower Pot" von Verner Panton. Rechts der Ei-Sessel von Arne Jacobsen (bei Fritz Hansen).

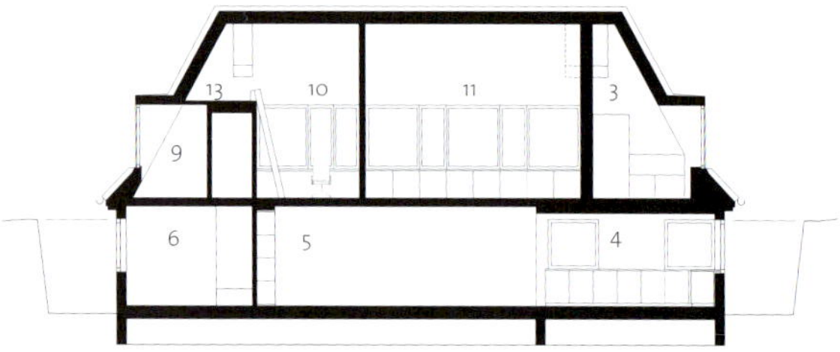

Längsschnitt

3 Bad
4 Essen
5 Wohnen
6 Kind
7 Terrasse
8 Holzterrasse
9 Kammer
10 Arbeiten
11 Schlafen
12 Empore

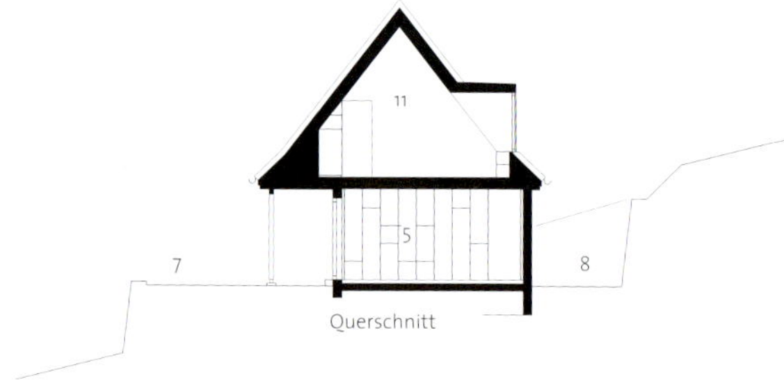

Querschnitt

den Esstisch gewählt, sodass der farbenfrohe Koch- und Essbereich auch an trüben Tagen für beste Laune sorgt. Der Wohnbereich schließt unmittelbar daran an, präsentiert sich aufgrund der neuen Glasfronten hell und sonnig und teilt mit dem Rest des Erdgeschosses seinen Mut zur Farbe. Aufgrund seiner Bestimmung als Ruhezone für Eltern und Tochter sind hier allerdings das Magenta beziehungsweise das Blau der Wände und das Grün des Teppichs die kontemplativen Leitfarben. Der Treppenaufgang zum Obergeschoss ist in Magenta mit Grau und Weiß gehalten, das Klavier- und Galeriezimmer moosgrün akzentuiert, das Elternschlafzimmer ein lichtdurchflutetes weißes „Wohn-Zelt“ und das Bad ein „Gedicht“ in Hellgrün. Im Hinblick auf bestmögliche Raumausnutzung und Raumwirkung verzichtete man weitgehend auf Trennwände und separierte Flure, große Fenster und Bruchplatten-Bodenbeläge im Erdgeschoss interpretieren Drinnen und Draußen als fließenden Übergang.

Ohne dem charmanten Haus etwa Unpassendes aufzupfropfen, entstand hier ein Werk aus gezielt eingesetzter Farbigkeit und offenem Raumempfinden, in dem bei aller Durchgängigkeit jeder einzelne Wohnbereich seine Funktion aufs Beste erfüllt und perfekte Kommunikations- und Rückzugsräume entstanden sind.

Oben Im Musikraum gibt es einen sagenhaften Galerie- und Schlafplatz unter Dach. Treppe und Galeriebrüstung sind nach den Entwürfen des Architekten vom Schreiner aus Buche-Multiplex-Platten angefertigt worden. Die farbigen Oberflächen bestehen auch hier aus italienischem Schichtstoff. An der Decke die von Tom Dixon entworfene Hängeleuchte „Mirror Ball“.

Rechte Seite Durch die gelungene Lichtregie und den weißen Anstrich herrscht im Elternschlafzimmer eine außergewöhnliche, kontemplative Stimmung.

Oben Blick in die Küche, die vom Architekten entworfen und vom Schreiner aus MDF-Platten und farbigem italienischem Schichtstoff gefertigt wurde.

Unten Isabel Zuber und Matthias Hotz beim Entspannen auf der Terrasse, die mit Naturstein-Bruchplatten belegt wurde.

Unten Blick in den Wohnbereich mit vom Architekten geplanter, magentafarbener Schrankwand und rechts außen platzierter Schrank-Durchgangstüre. Um den Tisch von Jean Prouvé (Modell „Guerdon bas") gruppieren sich Exemplare des „LCW Plywood Group"-Sessels von Charles und Ray Eames sowie des „Coconut Chair's" von George Nelson (alle bei Vitra).

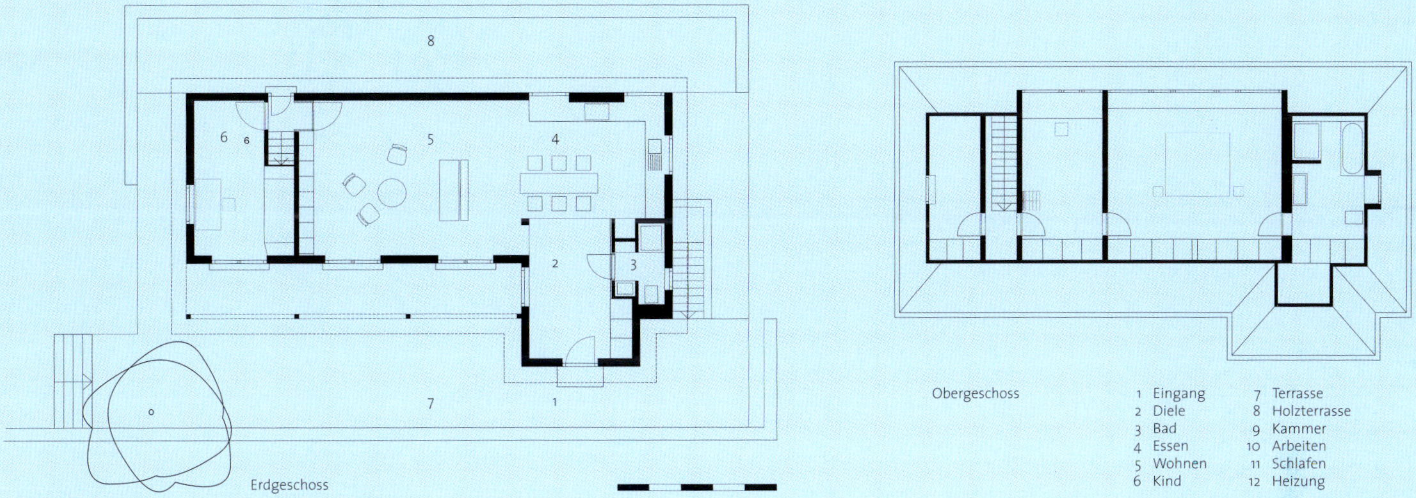

Die Tochter beim Entspannen in der Hängematte.

Baudaten

Standort	Freiburg i. Br.
Ursprüngliches Baujahr	1954
Sanierungs- und Umbauzeitraum	2006 (4 Monate)
Grundstücksfläche	ca. 1600 m²
Wohnfläche	149 m²
Bruttorauminhalt	414 m³
Sanierungs- und Umbaukosten (gesamt brutto)	ca. 225 000 €

36 Honigfarbenes Wohnerlebnis über dem See

Architektur: Marina Rubin, Seeham (Österreich)

Großartige Architektur kann auch einmal aus der Not geboren werden – wie das Einfamilienhaus der Familie Rubin zeigt. Mit sagenhaftem Fernblick auf einer Anhöhe über dem Obertrumer See errichtet, hebt sich das ursprünglich mit Flachdach vorgesehene Gebäude in seiner äußeren Erscheinung von seiner Siedlungsumgebung deutlich ab. Die verwendeten Materialien sind jedoch durchaus bodenständig, denn neben der Holzbauweise nimmt auch der Fassadenschirm aus Lärchenschindeln Bezug auf traditionelle Bauweisen. Und sowohl Architektur als auch Innenarchitektur profitierten am Ende sichtbar von den letztendlich gewählten Dachformen!

In die Dachfläche integrierte Solarkollektoren nutzen die Dachneigung von 65 Grad perfekt aus und erzeugen zusammen mit einem bei Bedarf einspringenden Pellet-Primärofen die gesamte Heizenergie für das Brauchwasser und die Fußbodenheizung. Die Heizkosten betrugen im Betriebszeitraum von drei Jahren durchschnittlich nur 15 bis 20 Euro im Monat! Im Inneren herrscht dank der hoch diffusionsoffenen, ökologischen Konstruktion und der kontrollierten Lüftungsanlage im Sommer wie Winter ein höchst ausgeglichenes und angenehmes Raumklima.

Oben Ansicht des Hauses mit dem Wintergarten-Querbau und der überdachten Terrasse sowie dem Übergang zum Hauptgebäude (rechts).

Rechte Seite Inspirierende Architektur – nicht nur für die Tochter: Der Blick vom Eingang ins Haus lässt den Besucher im Grunde mit einem Blick die innere Organisation des Hauses erfassen. Die nur mit Trittstufen versehene Treppenkonstruktion führt hinauf ins Arbeits- und Kindergeschoss und hinunter ins Eltern-Geschoss. Links der Wohn- und Essbereich mit weitem Blick auf den Obertrumer See.

Links oben und unten Die südseitigen Verglasungen belichten den Essbereich, den „Snack-Tisch“ und die Küche. Hinten der Ausgang zur überdachten Terrasse.

Rechte Seite Blick durch eine Panorama-Scheibe in das Elternschlafzimmer im Hanggeschoss. Die versenkt eingebaute Badewanne ist Teil des Schlafbereichs, hinten schließt das Bad an.

Von der Dorfstraße her erschlossen, zeigt sich das Haus hier von außen zunächst sehr bescheiden. Nach dem Durchqueren einer gläsernen Eingangsschleuse betritt man jedoch gleich den eindrucksvollen Hauptraum – und erfasst mit ihm schon fast das gesamte Gebäude. Eine mittig platzierte offene Treppe grenzt Wohn- und Koch-/Essbereich voneinander ab, führt zur oberen Wohnebene mit Arbeitsgalerie, Kinderzimmer und Kinderbad und zur unteren Wohnebene der Eltern.

Die Hauptetage wird von Süden und Westen über riesige Fensterflächen mit viel Licht versorgt. Die Sonnenstrahlen schimmern honigfarben auf den Holzoberflächen und erzeugen faszinierende Licht-und-Schatten-Effekte im ganzen Raum. Der Wohn- und Musikbereich besitzt einen panoramaartigen Ausblick zum südlich gelegenen See, der Essbereich mit großem Küchenblock orientiert sich zum Innenhof, der durch ein im rechten Winkel angebautes Wintergarten- und Lagergebäude

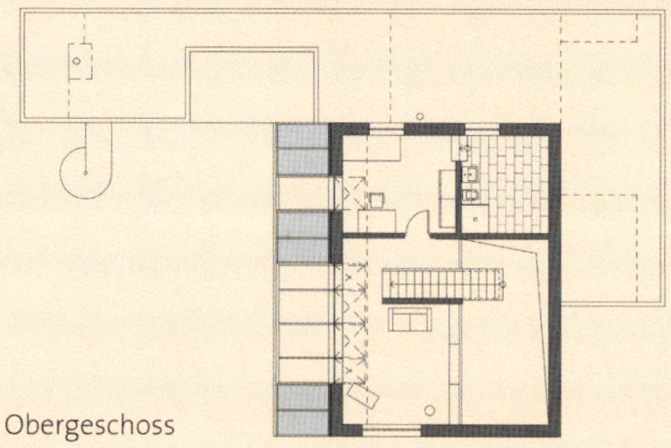

Obergeschoss

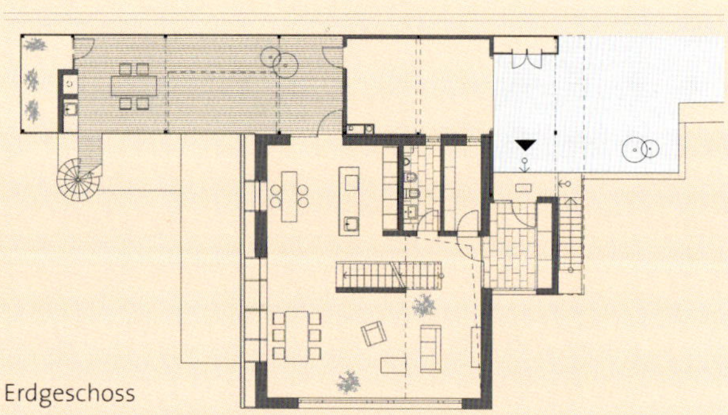

Erdgeschoss

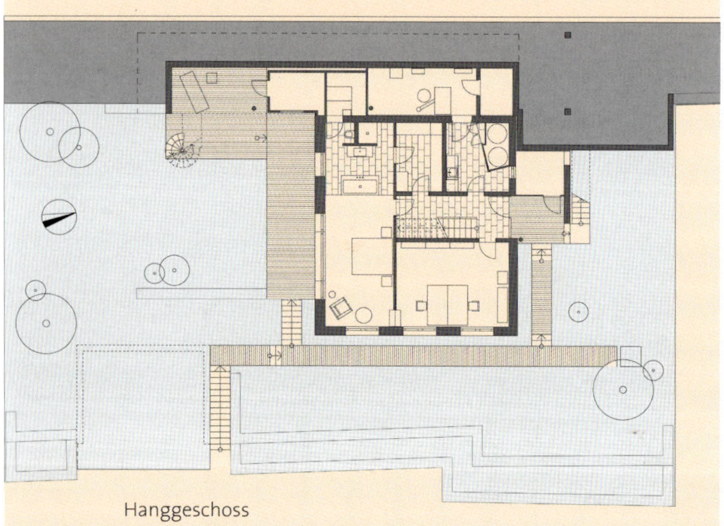

Hanggeschoss

Rechte Seite oben Das mit Lärchenholzschindeln verschalte Hauptgebäude ließ zusammen mit dem Querbau (links) einen geschützten und gut besonnten Garten entstehen.

Unten Die überdachte Terrasse im Obergeschoss wird von der Familie Rubin oft und gern genutzt. Ein Freiluft-Kaminofen schafft auch bei kühleren Temperaturen wohlige Stimmung.

gebildet wird, das durch eine große, überdachte Terrasse mit dem Hauptgebäude verbunden ist. Der quer angebaute Flachdach-Riegel erfüllt weiterhin auch die Funktion, den Garten gegen die hangseits vorbeiführende Dorfstraße abzuschirmen und macht ihn so erst zu einer intimen Ruhezone.

Bei aller Transparenz ist es umso erstaunlicher, dass sich in diesem Haus niemals das Gefühl einstellt, beobachtet zu werden oder Blicken ausgesetzt zu sein. Vielmehr genießen die Familienmitglieder ihrerseits die vielfältigen Ausblicke vom Wohnraum, vom Essbereich oder auch vom überdachten Freisitz, der dem Wintergartenbau zugeordnet und durch ein Dach geschützt ist. Ebenso hell und einladend wie das Hauptgeschoss, aber seiner Funktion entsprechend deutlich intimer zeigt sich das Hanggeschoss mit dem Architektur-Atelier und vor allen Dingen dem privaten Wellness-Bereich, in dem das Elternschlafzimmer und das Bad zusammengefasst sind. Die Sauna befindet sich im Untergeschoss des Querbaus. Hier entstand aber kein Gebäude mit Erholungszone, sondern ein in seiner Gesamtheit faszinierendes Wohlfühl-Haus.

Baudaten

Standort	Salzburger Land
Bauzeitraum	2005–2006 (6 Monate)
Grundstücksfläche	ca. 806 m²
Wohnfläche	209 m² (zuzüglich 27 m² Büro auf drei Ebenen)
Bruttorauminhalt	882 m³
Baukosten (gesamt brutto)	ca. 450 000 €

37 Das Künstler-Lofthaus

Architektur: Ulrich Rumstadt, Augsburg

Ein Tordurchgang in der Augsburger Altstadt bildet den Auftakt für einen Erlebnistag in Sachen Wohn-Kunst. Eine Tür öffnet sich zum Innenhof, der Besucher befindet sich im großen Ateliergeschoss, in dem der Bauherr malt – meist abends oder nachts, wenn das Tagesgeschäft ruht und die Inspiration kommt. Das ehemalige Lagerhaus aus dem frühen 20. Jahrhundert ist heute das ideale Heim ffür die Eigentümer mit allen Kennzeichen eines perfekten, dabei aber wohltuend zurückhaltenden Künstler-Lofts auf drei Etagen.

Von der Kreativebene im Parterre führt eine zentral angeordnete lange Treppe nach oben. Der Weg ins Wohngeschoss gleicht einem Aufstieg ins Licht: Von Stufe zu Stufe wird es heller, die Decken scheinen sich in der Wahrnehmung zu entmaterialisieren. Der Höhenunterschied vom Eingangsgeschoss bis zum Dach beträgt bis zu 9 Meter, der weiße Anstrich lässt Entfernungen und Räume noch größer wirken. Im Wohngeschoss angekommen, wird in umgekehrter Blickrichtung nochmals die Struktur mit dem großen Loftraum und der darüber angeordneten Entspannungs-Galerie sowie dem in den Boden geschnittenen Treppenband deutlich. Rechts des Abgangs befindet sich das Grafikbüro der Bauherren, der private Bereich mit Schlafzimmer, Bad und Ankleide verbirgt sich in

Oben Der Blick vom Galeriegeschoss lässt die ganze Höhe und Weite des Raums erfahren. Das raumhohe Bücherregal als vertikales Element verstärkt diesen Effekt.

Rechte Seite Blick von der Kochinsel zum gemütlichen Entspannungs-Platz unter der Galerietreppe, deren filigrane Konstruktion aus Flachstahl und Gitterroststufen die Raumwirkung völlig unbeeinträchtigt lässt. Für reichliche Belichtung sorgen vier Meter hohe Dachverglasungen. Links der Durchgang zum Büro.

einem separaten, dem Raumzusammenhang östlich abschließenden Trakt. Eigentümer und Architekt verwandten im Vorfeld der Planung viel Zeit auf gemeinsame Diskussionen, in denen man das ideale Gestaltungskonzept „verabschiedete" – es sollten lediglich die allernötigsten, der Gesamtwirkung des Raums untergeordneten Abgrenzungen und Einbauten vorgesehen werden. Folgerichtig fiel die Treppe zwischen Erdgeschoss und Obergeschoss wunderbar schlicht aus und entfaltet gerade dadurch eine solch intensive Wirkung.

Jeder Bereich ist gemäß seiner Bestimmung genutzt und hochwertig gestaltet. Der imposante, über sechs Meter hohe Bereich beim Treppenabgang wurde als Bibliothekseck mit multifunktionalem Sofa genutzt, im Eck unter der Galerietreppe befindet sich ein gemütliches Sofa zum Entspannen und gegenüber ein antiker Esstisch

Oben Blick vom Essbereich in die Küche Die Esstisch-Stühle stammen von BoConcept. Der Schlaf- und Badezimmerbereich ist unauffällig abgetrennt und durch eine Tapetentür erschlossen. In angemessen rauer Loft-Manier zeigt sich der Fußboden aus Industrie-Estrich, der jedoch mit einer komfortablen Fußbodenheizung aufwarten kann.

Linke Seite Erstaunliches Höhenerlebnis: Blick von der himmelsleiterartigen Treppe zum Obergeschoss und durch die Galerie-Ebene bis zum Dach.

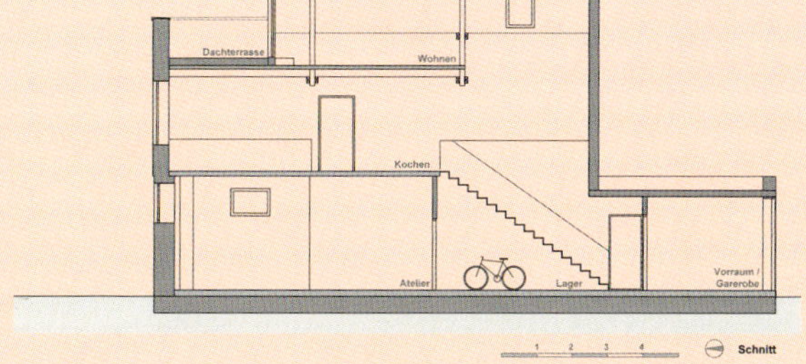

Schnitt

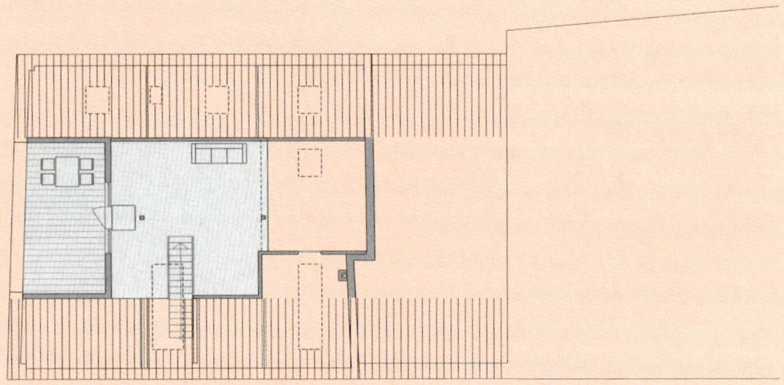

Dachgeschoss

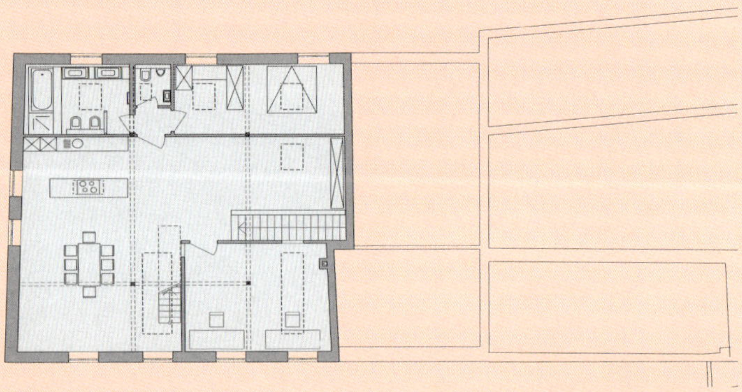

Obergeschoss

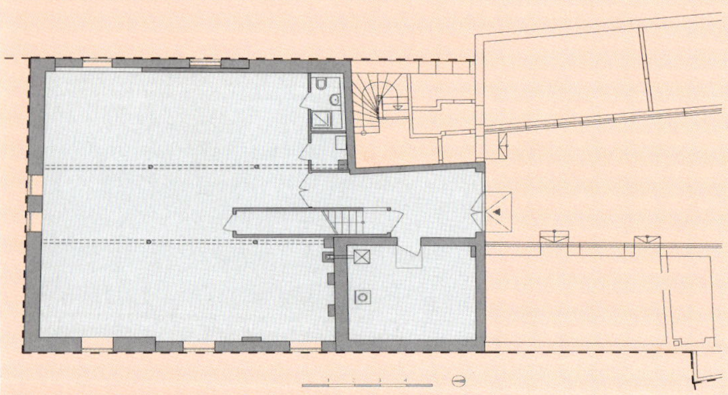

Erdgeschoss

Rechte Seite Sagenhaftes Raumkontinuum: Blick von der Küche mit Barbereich zum Lese- und Entspannungsplatz mit einem praktischen, geteilt klappbaren Sofa von Innovation (Modell „Splitback“, Design Per Weiss). Rechts davon die Treppe zum Eingangsgeschoss und das abgetrennte Büro. Sehr deutlich wird auch hier das spannungsreiche Miteinander der alten Holzkonstruktion und der erforderlichen statischen Verstärkung.

mit passenden Stühlen, dessen Erdigkeit in spannungsreichen Kontrast zur Edelstahlküche mit angeschlossener Imbiss-Bar tritt – die perfekte Lösung, wenn die Arbeit nicht genug Zeit für ausgiebiges Speisen zulässt. Die Wand hinter der Küche ziert ein Werk des Bauherrn, ansonsten tritt die eigene Kunst bescheiden in den Hintergrund und überlässt dem Raum die Hauptrolle. Die historische, teils angestückte und ergänzte Substanz in Gestalt der erhaltenen Holzkonstruktion ist so weit wie nur möglich freigestellt, was dem Wohnerleben besondere Atmosphäre verleiht. Die leicht weiße Lasur lässt die Struktur des Holzes durchscheinen und vermeidet jeglichen Eindruck von Rustikalität.

Wer sich weite Räume mit Luft zum Atmen wünscht und dennoch eine warme Wohnatmosphäre mit Rückzugsplätzen für die Seele wünscht, dem kann dieses wundervoll klare Loft-Haus als leuchtendes Vorbild dienen.

Baudaten

Standort	Augsburg
Sanierungs- und Umbau-zeitraum	2005 (3 Monate)
Grundstücksfläche	ca. 205 m²
Wohnfläche	129 m² (zuzüglich 170 m² Atelier/Lager/Büro und 17 m² Terrasse)
Bruttorauminhalt	1422 m³
Baukosten	keine Angaben

38 Palast der Wunder

Architektur und Innenraumgestaltung: Rodolfo Schmidt Zagert und Sandra Portelli, Palma de Mallorca (Spanien)

Wohnträume aus tausendundeiner Nacht – mit jahrhundertealten Mauern aus Marés, Terrakotta-Böden, überdachten Freisitzen mit arabischem Flair, im Wind wehenden Vorhängen und weichen Diwanen – erscheinen als ferne Schimären, die sich nur im Reich der Fantasie finden. Sandra Portelli und Rodolfo Schmidt Zagert zeigten mit ihrem ambitionierten, aber äußerst sensiblen Umbau eines mallorquinischen Palácio, dass Träume schönste Wirklichkeit werden können.

Der Kathedrale La Seu unmittelbar benachbart und damit mitten im Herz der mallorquinischen Metropole gelegen, ist das auf einem arabischen Kern erbaute Stadtpalais durch seine geschlossene Vierseitanlage mit wundervollem Innenhof doch absolut privat, intim und im Sommer zudem angenehm kühl. Nach dem Durchschreiten des Eingangs-Torbogens fällt der Blick auf einen mit Feldkieseln belegten Atriumbereich mit restauriertem, steinernem Zugbrunnen, der wieder in Funktion genommen worden ist. Einige Treppenstufen nach unten geht es in das äußerst stimmungsvolle Souterrain-Wohngeschoss mit den original maurischen Gewölben, wo mit Freunden gern gut gekocht und in fröhlicher Runde gegessen wird. Ferner findet sich hier das Malatelier von Rodolfo Schmidt Zagert. Die mit

Oben Außergewöhnliche Nachbarschaft: Blick durch den Patio des Stadtpalasts zur Kathedrale von Palma de Mallorca.

Wundervolle Wohn-Stimmung: Der Entspannungs-Bereich im Dachgeschoss mit antikem Bett und Kissenbezügen mallorquinischer Herkunft. Der Himmel komplettiert das licht und luftig wirkende Arrangement.

Blick auf die überdachte, nach Art eines Wohnraums möblierte Terrasse.

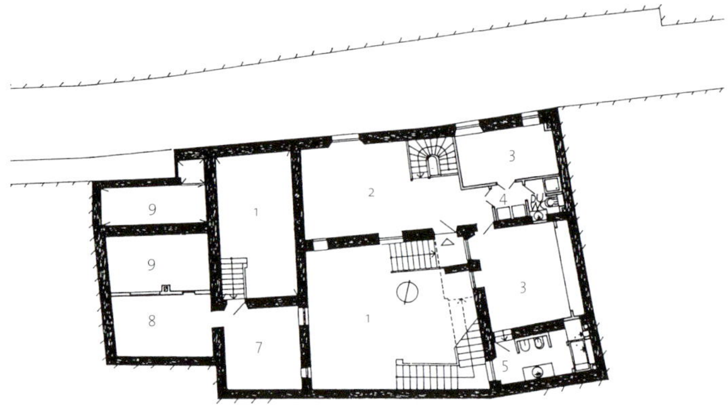

Zwischengeschoss

1 Eingangshalle/ Luftraum
2 Wohnen
3 Schlafen
4 Flur
5 Bad/WC
6 Innenhof
7 Zimmer
8 Abstellraum
9 Luftraum

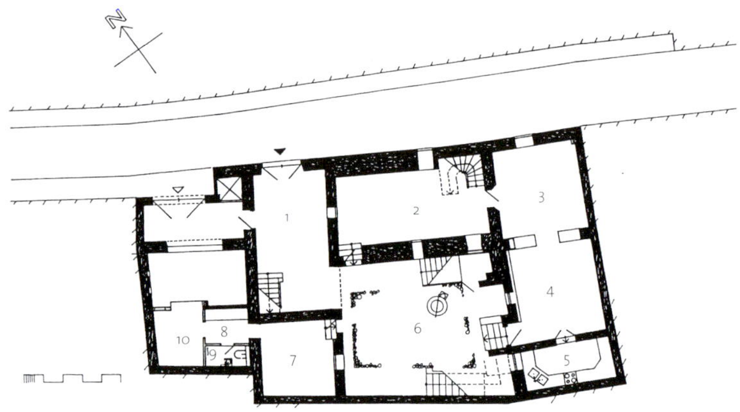

Erdgeschoss

1 Eingangshalle
2 Empfang/Wohnen
3 Wohnen/Essen
4 Essen
5 Kochen
6 Innenhof
7 Studio
8 Flur
9 WC
10 Bibliothek

warmen Terrakotta-Platten belegte Wohnebene darüber ist in ihrem Ambiente durch eigene und die Kunst anderer geprägt, im Schlafbereich fällt ein antikes Himmelbett ins Auge, das den Raum perfekt ordnet und bei ansonsten sparsam gesetzter Ausstattung ganz ins rechte Licht rückt. Weitere Wohnungen in den oberen Etagen zeichnen sich durch nicht minder großzügige Atmosphäre und eine ebenso gelungene Mischung aus historischem Raumerlebnis und perfekter Innenarchitektur aus. Ein Palast, der nicht nur vorbildhaft saniert, sondern auch zu einem wahren Wohn-Paradies umgestaltet wurde.

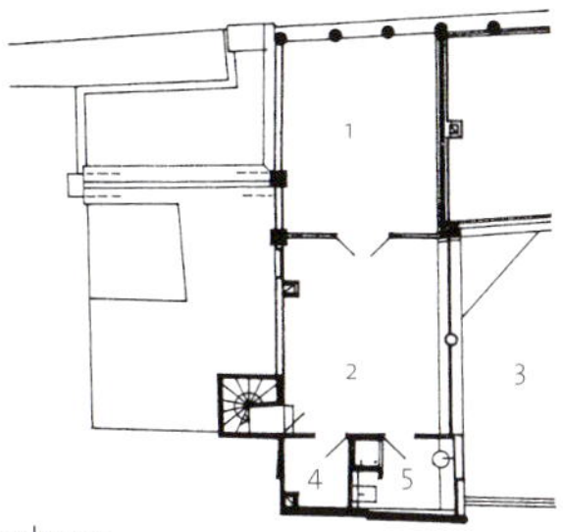

1 Säulenhalle
2 Wohnen
3 Innenhof
4 Zimmer
5 Dusche/WC

2. Obergeschoss

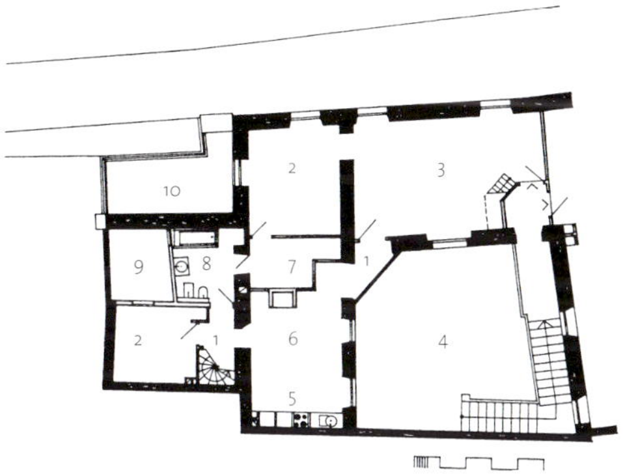

1 Flur
2 Schlafen
3 Wohnen
4 Innenhof
5 Kochen
6 Essen
7 Kleider
8 Bad/WC
9 Lichthof
10 Terrasse

1. Obergeschoss

Rechts Das Souterraingeschoss im Gewölbe, dem wohl ältesten Teil des Palasts. Ess- und Kochbereich sind durch eine wunderschöne Doppelflügeltür verbunden. Die Stühle sind Sonderanfertigungen vom Schlosser (Mario und Pedro Marin), der Tisch stammt von El Viejo Almacén, der Kerzenleuchter an der Decke von Mans de Mallorca.

Unten Stimmungsvolles Badezimmer mit frei stehender, antiker Wanne.

Baudaten

Standort	Palma de Mallorca (Spanien)
Ursprüngliche Erbauungszeit	im Kern 11.–13. Jahrhundert, Großteil des Bestands 1575 und später
Sanierungs- und Umbauzeitraum	1996–1997 (13 Monate)
Grundstücksfläche	ca. 290 m²
Wohnfläche	737 m² gesamt (vier Wohneinheiten mit insgesamt 580 m² zuzüglich 114 m² Büro)
Baukosten	keine Angaben

39 Gläserner Blick auf den Schwarzwald

Architektur: Schneider | Architekten BDA, St. Georgen

Die Lage eines Hauses entscheidet nicht nur über dessen materiellen Wert, sondern auch über die Wohnqualität. Es kommt allerdings entscheidend darauf an, ob ein attraktives Umfeld, sei es ein See, der Fernblick auf eine Stadt oder eine Landschaft – hier der Südschwarzwald – beim Aufenthalt im Haus auch als so attraktiv wahrgenommen werden kann wie im Freien. Das Haus von Martina und Ullrich Dittler schafft dieses Kunststück so vollendet, dass man gar nicht mehr gehen und die Aussicht ewig genießen möchte.

Blick vom überdachten Freisitz am Haus entlang auf den Schwarzwald.

Die Hanglage des Grundstücks ermöglichte es, zwei perfekt belichtete und optimal nutzbare Geschosse zu schaffen, die reichlich Raum für zwei Personen bieten. Auf dem oberen Eingangsgeschoss treffen sich die Funktionen Essen, Kochen und Wohnen, wobei eine Wandscheibe zusammen mit zwei beidseits angeordneten Schiebetüren bei Bedarf für eine Separierung sorgt. Zum Tal hin ist ein Panorama-Sitzplatz eingerichtet, von dem aus der Schwarzwald-Blick durch die dreiseitige Verglasung gleichsam wie ein Landschaftsgemälde inszeniert wird. Wenn die Sonneneinstrahlung einmal zu intensiv wird, sorgen die vormontierten Schiebeläden für wirksamen Schutz und projizieren gleichzeitig ihr Muster auf Böden, Wände und Mobiliar. Gearbeitet und geschlafen wird

Faszinierender Durchblick im Wohnzimmer: Die Landschaft scheint durch die panoramaartige Verglasung ganz nah herangerückt zu sein. Pfosten wurden so wenig wie möglich eingebaut und zudem anthrazitfarben gestrichen, um den Blick nicht zu stören.

Seite 188 Schattenspiel eines Schiebeladens auf der Trennwand zwischen dem Ess- und Wohnbereich.

Seite 189 oben Blick von der Küche durch die Eingangsebene. Rechts die Treppe zum Hanggeschoss.

Seite 189 unten Logenplätze vor Schwarzwald-Landschaft: Die beiden weißen Sessel dienen den Bauherren als perfekte Entspannungs-Inseln. Die ebenso sparsame wie hochwertige Ausstattung unterstreicht die Klarheit und Transparenz der Architektur.

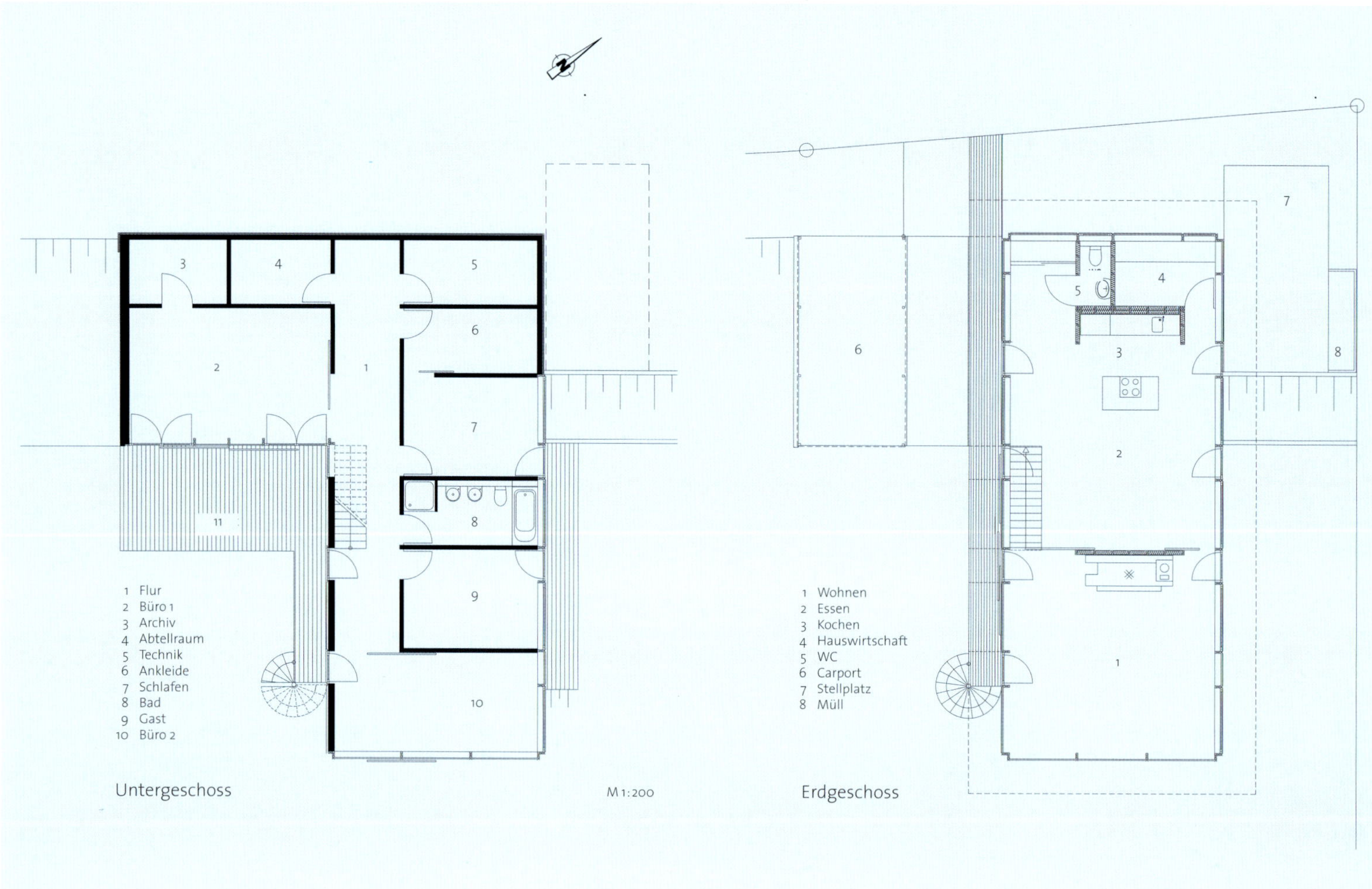

– kaum weniger lichtverwöhnt – eine Etage tiefer. Um den Ausblick auch im Freien von erhöhter Warte genießen zu können, entstand in einem Querbau mit Carport ein überdeckter, dem Eingang und damit auch dem Kochbereich zugeordneter Freisitz. Ein Erlebnis-Haus für den Aufenthalt sowohl drinnen als auch draußen.

Baudaten

Standort	Furtwangen/Baden-Württemberg
Bauzeitraum	2005 (5 Monate)
Grundstücksfläche	ca. 1050 m²
Wohnfläche	191 m² (zuzüglich 16 m² Nutzfläche)
Bruttorauminhalt	676 m³
Baukosten	keine Angaben

40 Wohnen in der Sonnengalerie

Architektur: Schneider | Architekten BDA, St. Georgen

Erhöht am Rand eines Siedlungsgebiets im badischen Emmendingen gelegen, scheint sich das Haus der Familie Padberg/Weibel fast der Wohnumgebung enthoben zu haben und orientiert sich ganz zur Landschaft und zum Licht. Gleich auf der anderen Straßenseite geht es zu Spaziergängen in die badischen Weinberge und in den Schwarzwald. Alles ist bei diesem Haus auf den wundervollen Ausblick und auf die bestmögliche Besonnung ausgerichtet.

Die Zufahrt und der Zugang liegen auf der schattigen Nordseite, der östlich an das Haus angedockte Carport schafft als eine Art Abstandhalter eine visuelle Pufferzone zur Nachbarbebauung. Die lange Südfassade jedoch ist ganz auf das Ziel hin geplant, möglichst viel Licht ins Haus zu holen und gleichzeitig eine möglichst enge Verbindung mit der Umgebung herzustellen. Das Haus sollte – kurz gesagt – die Stimmung der Bewohner unabhängig vom Wetter stets positiv beeinflussen – eine Vorgabe, die von Schneider | Architekten ohne Zweifel mustergültig umgesetzt wurde. Beide Wohnebenen sind großflächig verglast und auf der gesamten Länge mit den Terrassen oder dem Balkon verbunden. Im Erdgeschoss ermöglicht eine Außentreppe, direkt weiter in den geschützt liegenden, leicht eingetieften Garten zu gelangen.

Oben Ansicht des Hauses von Südosten. Die Stege mit Überdachung bilden eine vorgelagerte Struktur, an der die Konstruktionsachsen abgelesen werden können.

Rechte Seite Alle Aufenthaltsräume auf beiden Geschossen sind nach Süden komplett verglast und mit vorgelagerten Terrassen- und Balkonbereichen ausgestattet.

Oben Die langen Blickachsen im Erdgeschoss – hier vom Wohnbereich bis zum östlichen Nebenausgang – tragen zu dem großzügigen Raumeindruck entscheidend bei.

Unten Blick durch die Küche und den Essbereich, die nahtlos in die Erschließungszone übergehen. Hoch platzierte Fensterbänder sorgen für zusätzliche Belichtung und verhindern gleichzeitig unerwünschte Einblicke.

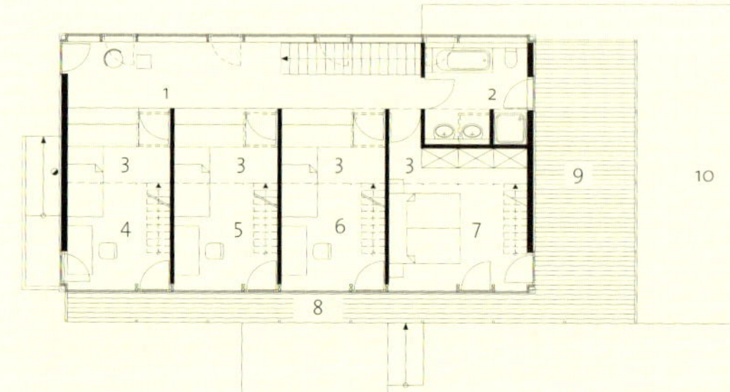

Obergeschoss

1 Spielebene
2 Bad
3 Empore
4 Kind 1
5 Kind 2
6 Kind 3
7 Schlafen
8 Balkon
9 Terrasse
10 Gründach

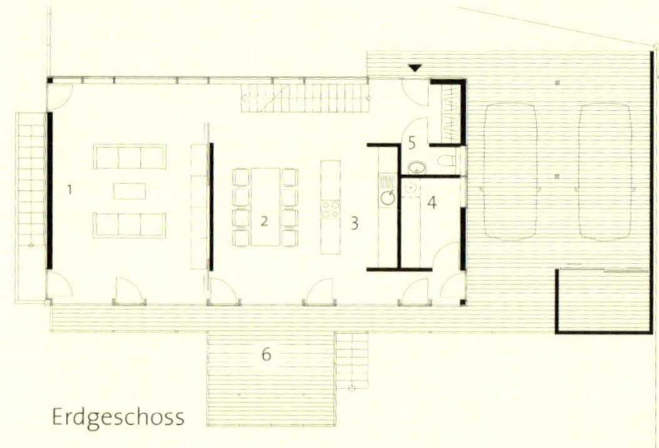

Erdgeschoss

1 Wohnen
2 Essen
3 Kochen
4 Vorrat
5 WC
6 Terrasse

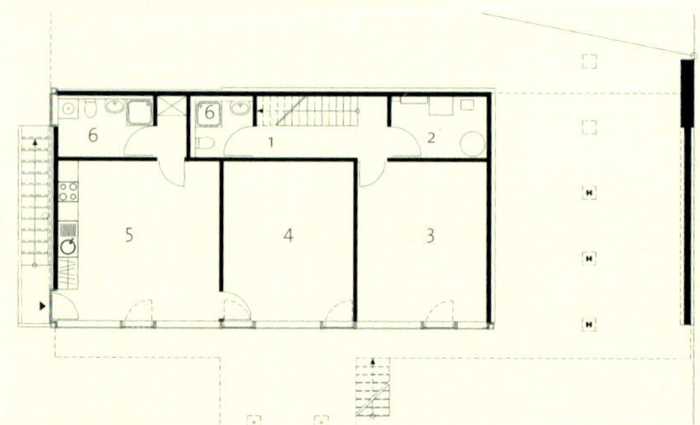

Untergeschoss 2. Ausbauphase

1 Flur
2 Technik
3 Arbeiten/ Gast
4 Schlafen
5 Küche/Essen/ Wohnen
6 Bad

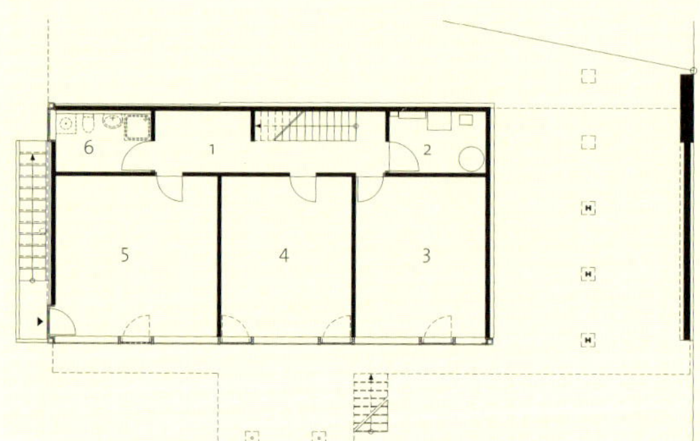

Untergeschoss 1. Ausbauphase

1 Flur
2 Technik
3 Arbeiten
4 Gast
5 Keller/Lager
6 Bad

Oben Entspannung leicht gemacht: Ausblick vom Wohnraum in den Garten und die Landschaft.

Oben links Alle Zimmer im Obergeschoss nutzen den Dachraum durch offene Schlaf- oder Spielgalerien.

Schon beim Betreten des Hauses wird klar, dass das Belichtungs- und Raumkonzept bestens funktioniert. Selbst die nordseits gelegenen Durchgangs- und Erschließungsbereiche erfreuen sich aufgrund der gezielten Lichtführung und großzügigen Befensterung intensiver Helligkeit. Alle Kinderzimmer und auch das Elternschlafzimmer haben direkte Südausrichtung. Im Erdgeschoss sind der Koch- und Essbereich einerseits und der Sitzplatz andererseits durch eine Wandscheibe separiert, ansonsten ist diese Ebene völlig durchgängig gestaltet. Für Sonnenschutz an heißen Tagen sorgt der Balkon, der dann auch die Funktion eines Vordachs übernimmt. Ein perfektes Sonnen-Haus für eine Familie mit mehreren Kindern!

Baudaten

Standort	Emmendingen/ Baden-Württemberg
Bauzeitraum	2005–2006 (7 Monate)
Grundstücksfläche	ca. 646 m²
Wohnfläche	229 m² (zuzüglich 93 m² Nutzfläche)
Bruttorauminhalt	1156 m³
Baukosten (gesamt brutto)	397 000 €

41 Villa mit Blick auf Rheintal und Burgberg

Architektur: Schneider | Architekten BDA, St. Georgen

Großzügig und modern zu bauen hat grundsätzlich nichts mit protziger Selbstdarstellung zu tun – wie das Wohnhaus der Familie Gassmann nachdrücklich belegt. Vielmehr gelang hier unter der Regie von Schneider | Architekten ein visuelles Wohn-Meisterwerk ohne jegliches Imponiergehabe, aber mit höchster Innenraum- und Wohnqualität.

Das großzügige Grundstück ließ es zu, auf einer Grundfläche von 12 x 12 Metern zu bauen und noch westseits einen nutzbaren Gartenbereich übrig zu behalten. Aufgrund der Hanglage bekommen nicht nur das Erd- und das Obergeschoss, sondern auch die nach Westen orientierten Räume des Untergeschosses mit Gästezimmer und Arztpraxis reichlich Sonnenlicht. Der Ausblick von den oberen Wohnebenen auf die Ruine der berühmten Staufener Burg ist sowohl vom mittig durchgesteckten Flur beziehungsweise von der Treppengalerie als auch vom Wohnraum aus möglich – eine wahrhaft einzigartige Blicksituation, die von der Architektur perfekt inszeniert wurde!

Gestalterischer Mittelpunkt des Erdgeschosses ist der als Einraum konzipierte Wohn- und Essbereich, der vom Flur zweifach erschlossen ist und so jederzeit optimale Durchgängigkeit ermöglicht.

Oben Ansicht des Hauses mit der Talseite bei Dämmerung. Terrassen im Süden wie auch im Westen erlauben eine optimale Nutzung des Außenraums, wobei zur Talseite hin die Staufener Burg im Blick ist. Auf der Südseite schützt das Obergeschoss vor Regen.

Rechte Seite Blick vom Essplatz zum Wohnbereich. Der Kamin fungiert als Raumteiler-Solitär.

In dem riesigen, weiß gestrichenen und mit hohen Decken versehenen Raum fungiert einzig ein kubenartig eingeschobener Ofenblock als Raumteiler, der somit der Sitzecke die gewünschte Intimität verleiht. Dank ihrer dreiseitigen Verglasung ist die Feuerstelle von allen Stellen im Raum stets im Blick. Ansonsten gewinnt dieser Raum wie auch die übrigen Wohnräume durch den einheitlich verlegten Eichendielenboden zusätzliche Größenwirkung.

Schiebetüren trennen bei Bedarf Aufenthalts- und Erschließungszone voneinander ab. Die Küche ist – eine selten zu findende, aber vorbildlich gelöste Variante – als westlicher Abschluss des Flurs konzipiert und ermöglicht es, auf schnellem Weg sowohl in den Essbereich als auch auf die Terrasse zu gelangen. Von dort bietet sich ebenfalls der Panoramablick auf die Burgruine. Über die offen in den Flur integrierte Treppe gelangen die Familienmitglieder zu ihren

privaten Räumen, die Galerie separiert den Bereich der drei Kinder von dem der Eltern – Letzterer bestehend aus einem großen Schlafzimmer, begehbarer Ankleide und Badezimmer mit frei stehender Wanne. Alle drei Räume überzeugen in ihrer wertigen Schlichtheit; das Farbkonzept ist durchgängig vom Zusammenspiel weiß- bis cremefarbener Elemente und dem Holzton

Oben Das Elternschlafzimmer ist durch die klare, ruhige Farbmelange aus Weiß- und Holztönen geprägt. Neues und altes Mobiliar werden zu einer Einheit. Bei den Leuchten auf den Nachtkästchen handelt es sich um zwei Exemplare des Modells „Costanzina" (Luceplan, Design: Paolo Rizzatto).

Linke Seite Zur Zufahrtsstraße hin in Überkopfhöhe angeordnete Fensterbänder verleihen dem Sitzplatz zusammen mit der Feuerstelle besondere Intimität.

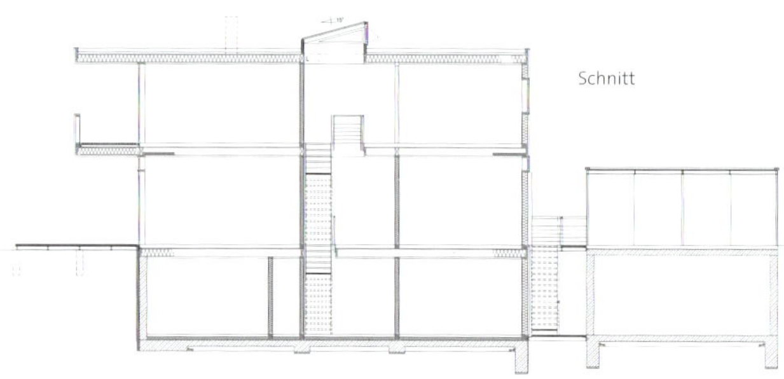

Schnitt

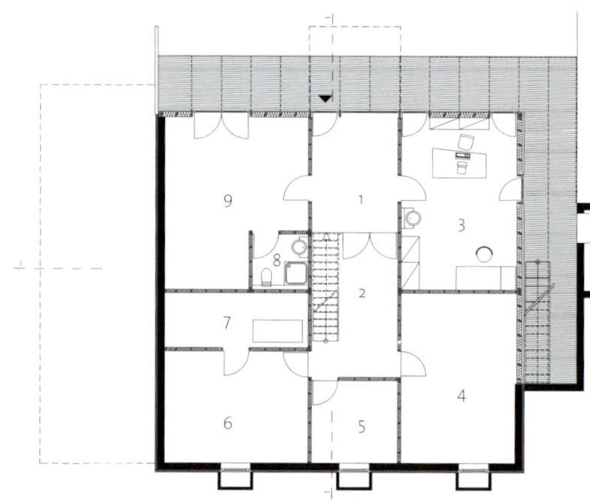

Untergeschoss

1 Flur 1
2 Flur 2
3 Behandlung
4 Keller 1
5 Weinkeller
6 Keller 2
7 Hauswirtschaft
8 Bad
9 Assistenzarzt
10 Außengeräte

der Eichenböden sowie des aus Massivholz gefertigten Mobiliars geprägt. Eine dem Elternbereich südlich und westlich zugeordnete Loggia erlaubt es auch hier, den Aufenthalt im Freien bestmöglich auszukosten. Ohne Zweifel eine Villa in bescheidener, aber perfekter Eleganz.

Rechts Der Ausblick auf die Staufener Burg ist grandios in Szene gesetzt, sodass die Vorzüge der Lage auch vom Innenraum bestmöglich erlebbar werden.

Linke Seite links Stimmungsvolles Spiegel-Stillleben mit weißen Anemonen. Den Rahmen des antiken Spiegels haben die Bauherren selbst aufgearbeitet und passend zum übrigen Ambiente cremeweiß gestrichen.

Linke Seite rechts Das Bad mit der frei stehenden Wanne ordnet sich wie das Schlafzimmer in das harmonische Farb- und Materialkonzept aus Naturtönen und Weiß ein.

Linke Seite unten Blick durch den Flur mit der Treppe, dem zentralen Erschließungsbereich des Hauses.

Ganz unten Blick von der Westterrasse ins Hausinnere mit Kochbereich und Spielflur.

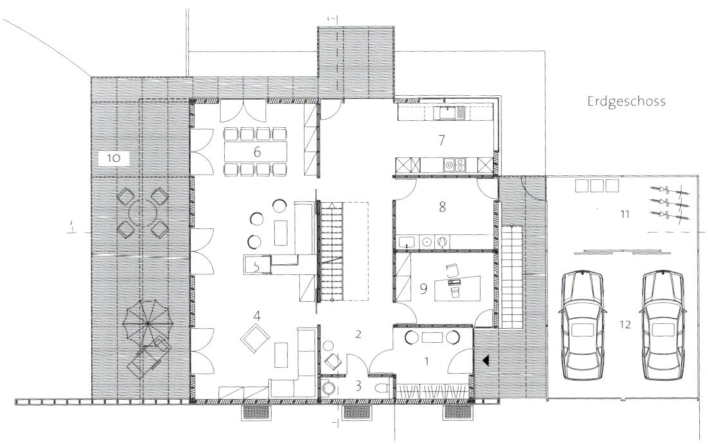

1 Windfang/Garderobe
2 Flur
3 Gäste-WC
4 Wohnen
5 Kamin
6 Essen
7 Küche
8 Hauswirtschaft
9 Arbeiten
10 Terrasse
11 Müll/Abstellraum
12 Garage
13 Bad Kinder
14 Bad Eltern
15 Ankleide
16 Eltern
17 Kind 1
18 Kind 2
19 Kind 3

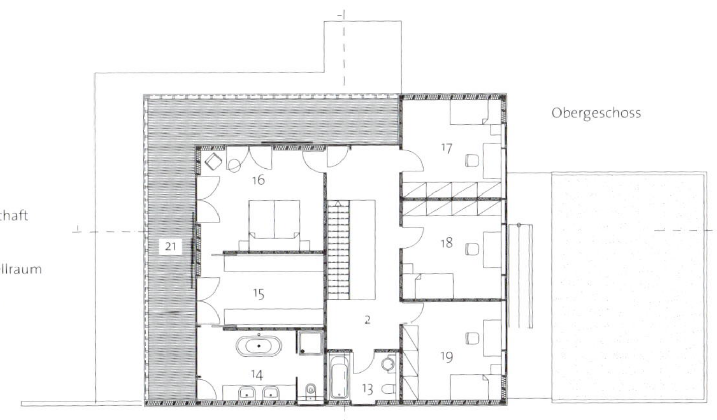

Baudaten

Standort	Staufen i. Br./Baden-Württemberg
Bauzeitraum	2006 (5 Monate)
Grundstücksfläche	ca. 1350 m²
Wohnfläche	330 m² (zuzüglich 113 m² Nutzfläche)
Bruttorauminhalt	1423 m³
Baukosten (gesamt brutto)	580 000 €

42 Glashaus am Bodensee

Architektur: Jörg Singer, Ermatingen (Schweiz)

An der Stelle eines alten Badehauses auf einem Seegrundstück errichtet, dient das Gebäude heute vier Familien mit insgesamt 14 Kindern und Enkelkindern je nach Bedarf gemeinsam oder getrennt als Wochenend- und Feriensitz. Gleichsam wie ein Vogel oder Flugobjekt scheint das Haus von seinem Standort direkt am Bodensee-Ufer abheben zu wollen. Mit seinem schwingengleichen Flugdach und seinen großen Glasfassaden wirkt das Feriendomizil fast schwerelos und in seiner Erscheinung gleichzeitig erstaunlich dynamisch.

Dreißig Schritte vom Haus entfernt befindet sich das Kiesufer des Bodensees. Aufgrund der strengen Bauvorschriften in unmittelbarer Seenähe war nur eine eingeschränkte Bebaubarkeit gegeben, die sich sowohl auf die Grundfläche als auch auf die Gebäudehöhe bezog. Mit Geschick erreichte es der beauftragte Architekt Jörg Singer, die baurechtlichen Möglichkeiten voll auszuschöpfen und ein außergewöhnlich schönes Haus zu verwirklichen, das nicht zuletzt durch sein zum See hin steil ansteigendes Dach immense Helligkeit hereinholt. Und dies gelang, obgleich das Gebäude aufgrund seiner Ausrichtung zum See eigentlich nicht optimal zur Sonne hin orientiert werden konnte.

Oben Ansicht des Hauses von Osten. Das Schmetterlingsdach lässt den aus Holzrahmen-Elementen errichteten Baukörper besonders dynamisch wirken. Die Fassaden sind zum See hin großflächig verglast, eine vorgelagerte Lärchenholz-Terrasse bietet Gelegenheit zum Aufenthalt im Freien.

Rechte Seite Einblick in das Haus bei geöffneter Hebeschiebetüre. Links der Sitz- und Leseplatz, rechts der Essbereich. Bei den anthrazitfarbenen Sesseln handelt es sich um das Modell „369“ von Walter Knoll/Knoll International. Eine schmale, verschiebbare Treppe erschließt die Arbeitsgalerie und die Räume im oberen Geschoss.

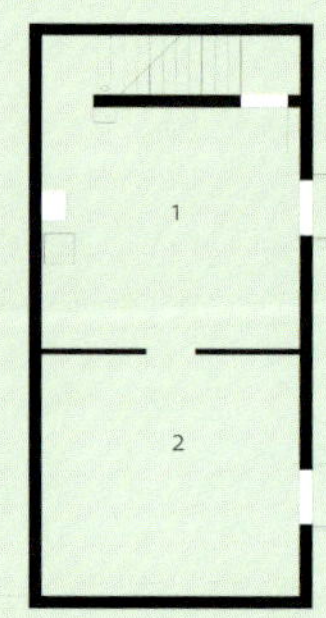

Keller

1 Heizung/Waschen
2 Keller

Nach Nordosten und nach Südosten ist das Haus großflächig bis zu zwei Geschosse hoch verglast, auf der Südwestseite belichtet ein schmales langes Fensterband Haus und Obergeschoss, verhindert aber gleichzeitig jeden Einblick von der Zufahrtsstraße. Das weitgehend offene Raumkonzept mit der darin integrierten, über eine Leiter erreichbaren Arbeits- und Kindergalerie lässt den Innenraum trotz der vergleichsweise geringen Wohnfläche äußerst großzügig erscheinen. Die aufgrund des steilen Dachs sehr großen Deckenhöhen tragen hierzu ihren Teil bei und machen den Aufenthalt sowohl im Wohn- als auch im Koch- und Essbereich selbst bei bedecktem Wetter zum unvergleichlichen Wohnerlebnis.

Rechts Insbesondere bei geöffneten Schiebetüren wachsen Innen- und Außenbereich förmlich zusammen. Links die Treppe zur Galerie. Der Cheminée-Ofen kann um seine Achse gedreht werden (Modell „T-One Swing“ von Tonwerk Lausen AG). Der Boden ist durch anthrazitfarbene Schieferplatten geerdet und bildet so einen gelungenen Kontrast zur ansonsten vorherrschenden Transparenz.

Linke Seite Raum mit Traum-Aussicht auf den Bodensee: Blick durch den Essbereich und das östliche Glaseck in den Garten und auf den See. Esstisch und Bank sind aus massivem Nussbaum gefertigt (von Pilat & Pilat); die Esstisch-Stühle stammen von Maxdesign (Modell „Ricciolina“; Design Marco Maran). Die Decke ist in Fichte Natur verschalt.

Ganz unten Blick von der Galerie in den Wohnraum und auf die seeseitige Terrasse.

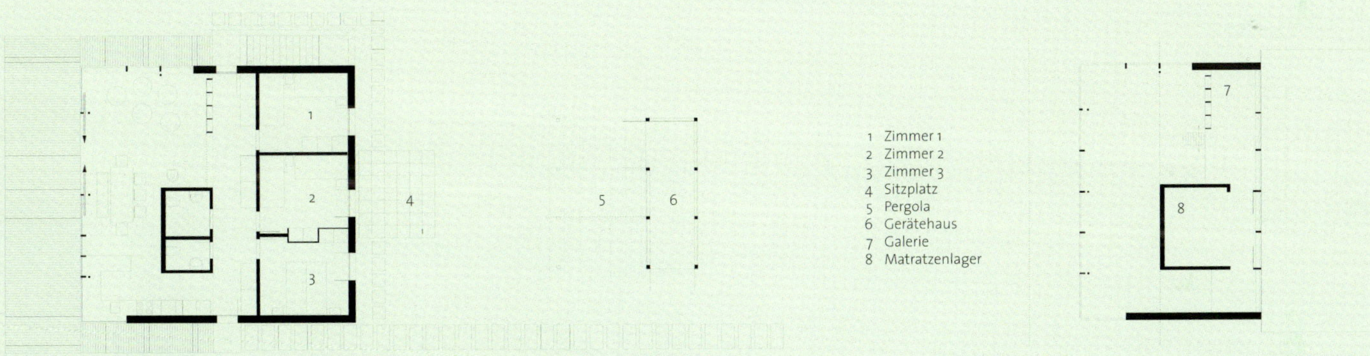

Erdgeschoss

Galerie

Baudaten

Standort	Eschenz/Kanton Thurgau (Schweiz)
Bauzeitraum	2005–2006 (8 Monate)
Grundstücksfläche	ca. 1285 m²
Wohnfläche	90 m²
Bruttorauminhalt	581 m³
Baukosten (gesamt brutto)	623 000 sFr

43 Das See-Haus

Architektur: Ronald Stattmann, Münster

Die Vorzüge der Lage sollten eigentlich den Ausgangspunkt jeder architektonischen Planung bilden. Das Haus der Familie Kramer zeigt, wie es gemacht wird: Das Grundstück liegt direkt an einem kleinen See, den man zusammen gern auch einmal mit dem eigenen Ruderboot befährt. Die Wasserfläche gab die Ausrichtung des Hauses und auch dessen Fassadengestaltung vor, denn der Ausblick auf den See und die umgebende Natur sollte vom Haus aus intensiv erlebbar sein. Die Ideen von Architekt und Bauherr befruchteten sich bei der Umsetzung gegenseitig und ergaben dann die letztlich ausgeführte Planung.

Einer relativen Geschlossenheit auf der Eingangsseite – durchbrochen von dem Übereck-Fensterband der Küche – steht auf der Seeseite im Erdgeschoss pure gläserne Transparenz gegenüber, die selbst Teile der Ost- und Nordfassade mit einbezieht. Separat angeordnet ist hier der Arbeitsraum des Bauherrn, der als Produktdesigner an der Hochschule für Künste in Bremen lehrt. Abgesehen von Eingangsdiele, Flur und Treppenraum besteht die untere Wohnebene ansonsten nur aus einem einzigen Raum, der die Funktionen Wohnen, Essen und Kochen vereint. Direkt dem See zugeordnet, blicken die Familienmitglieder beim Essen,

Ansicht des Hauses von der Seeseite. Das vorwiegend massive Schlafgeschoss scheint auf der hoch transparenten, gläsernen Wohnebene zu schweben. Vor Überhitzung schützt eine Markise, die ebenfalls von Andreas Kramer designt worden ist.

Oben Die Glasfassade ist übers südwestliche Hauseck gezogen worden, um eine besonders gute Belichtung zu gewährleisten. Der fürs gemeinsame Essen und für Hausaufgaben genutzte Tisch, ein Entwurf des Bauherrn, ist hier optimal platziert.

Anfertigen der Hausaufgaben, gemeinsamen Spielen oder Kochen stets ungehindert von Sichtbarrieren auf den See, dessen Farbe sich mit der Sonnenintensität, dem Sonnenstand und der Bewölkung immer wieder verändert. Eine Verglasung zum Flur belichtet diesen vom Wohnraum aus wirkungsvoll mit, im Übrigen fällt reichlich Helligkeit durch das Lichtband im Obergeschoss in den Treppenbereich ein. Die Schlaf- und Kinderzimmer im Obergeschoss zeigen sich ihrer Bestimmung gemäß etwas intimer als die Wohnebene, werden aber durch raumhohe Fenstertüren bestens mit Licht versorgt und profitieren von dem weiten, beruhigenden Ausblick auf das Wasser, aber auch von ihrer jeweils äußerst individuellen Gestaltung, die immer wieder mit der Farbkombination aus weißen Flächen und roten Akzenten arbeitet. So findet sich im Kinderbad eine Wandscheibe in dunklem, warmem Rot, und auch der platzsparende Einbauschrank im Flur ist als rote Fläche abgesetzt. Gleichsam als Ergänzung zu all diesen Vorzügen kommt noch der Umstand, dass das Haus reversibel geplant wurde, das heißt, dass etwa nach Auszug der Kinder auch eine Einliegerwohnung entstehen oder das Büro vergrößert werden kann. Insgesamt also ein vielseitiges Wohn-Wunder in idyllischer Lage.

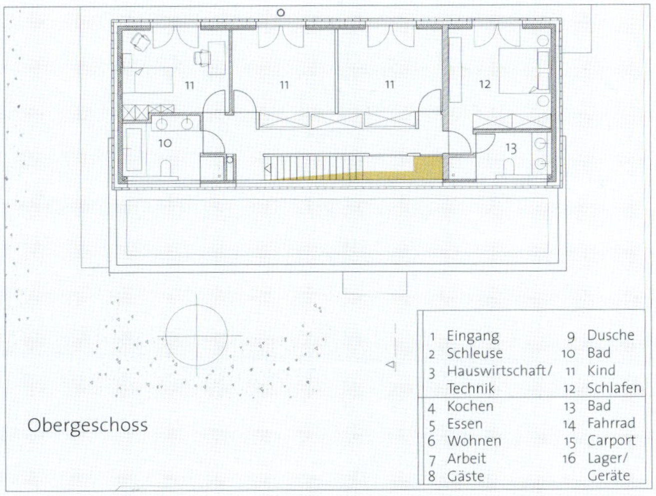

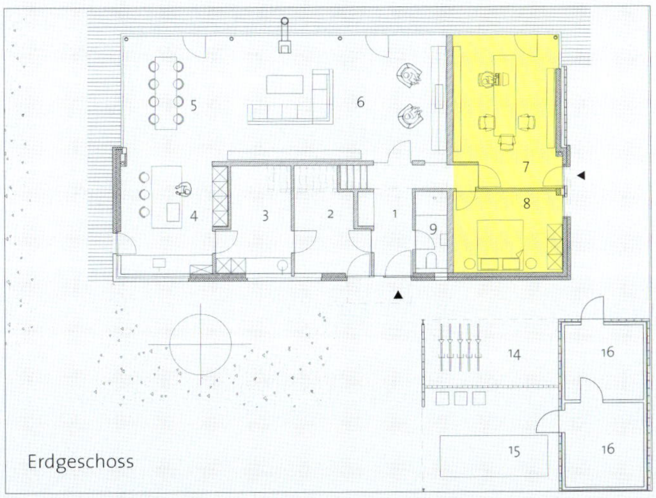

Oben Das Elternschlafzimmer und die Kinderzimmer profitieren hinsichtlich ihrer Wohnatmosphäre von der visuellen Präsenz der Wasserfläche.

Linke Seite Wohlige Aussichten: Blick durch den Wohn-Einraum im Erdgeschoss auf den See. Beim Boden handelt es sich um massives Eichenparkett, der Kaminofen ist von Skantherm (Design Akantus, Modell „Trigo").

Unten links Die Familie in ihrer „Kommunikations-zentrale" am Küchenblock (Beleuchtung von Erco).

Baudaten

Standort	Wildeshausen bei Bremen (Niedersachsen)
Bauzeitraum	2006 (7 Monate)
Grundstücksfläche	ca. 1060 m²
Wohnfläche	246 m² (davon 154 m² im EG, 92 m² im OG)
Bruttorauminhalt	910 m³
Baukosten	ca. 270 000 €

44 Atriumhaus mit Weitblick

Architektur: Gernot Vallentin, Dorfen
Grünplanung: Rita Huber, Dorfen

Wenn Architekten bauen, wie sie dürfen, kommen häufig besonders originelle Ergebnisse zustande. Dies gilt insbesondere dann, wenn sie ihr eigener Bauherr sind. Gernot Vallentin, der seit vielen Jahren architektonisch interessante Gebäude in Passivhausstandard und mit ökologischen Materialien plant, wollte diesen Schwerpunkt auch bei seinem eigenen Anwesen einbringen und nicht zuletzt in ein ansprechendes Gewand kleiden.

In L-Form geplant, bildet der Bürotrakt des Gebäudes einen Riegel zur Anliegerstraße, während das im rechten Winkel positionierte Wohnhaus sich der freien Landschaft zuwendet. Zusammen mit dem südlich angrenzenden, ebenfalls vom Büro Vallentin geplanten Nachbarhaus entstand so ein intimer, nach Westen geöffneter Innenhof mit Familien-Sitzplatz, der bei gutem Wetter dank der ganztägigen Besonnung zu allen Tageszeiten genutzt werden kann. Zusätzlich steht allen Zimmern ein wettergeschützter Aufenthaltsplatz unter der Balkon-Loggia zur Verfügung. Westlich schließt sich an den Innenhof ein Hanggarten an, der ins freie Feld übergeht. Vom unteren Teil des Gartens aus vermittelt sich dem Betrachter die Anlage des Hauses als Gesamtheit. Der dank der Hanglage zweigeschossige, großflächig verglaste Westgiebel greift über das Terrain aus, löst sich

Oben Nächtliche Ansicht des Innenhofs von Südosten mit den zweigeschossigen Kinderzimmern.

Ganz oben Blick von Süden auf das außergewöhnliche, auf Stelzen über den Hang ausgreifende Passivhaus. Die Solarmodule auf den Dachflächen bilden einen Baustein des Passivhaus-Konzepts.

Seite 209 Blick von der Eltern-Galerie in die Entspannungs-Ecke und zum Atrium. Das filigrane Treppengeländer aus Stahl, das ohne Füllungen auskommt, unterstützt den offenen Raumeindruck. Die Stütze bei der Treppe wirkt wie ein Baumstamm im Haus. Die Holzoberflächen entwickeln bei direkter Sonneneinstrahlung eine honigfarbene Aura.

so gleichsam von der Erde und wirkt dadurch ungeachtet seiner Höhe und Kubatur äußerst filigran.

Zwischen Büro und Wohnhaus vermittelt eine Eingangsschleuse, von der aus man den bis zum First geöffneten, imposanten Wohn-, Ess- und Kochbereich betritt. Die warme Farbe der lediglich geschliffenen OSB-Platten, die als Wand- und Deckenverkleidung eingesetzt wurden, intensiviert sich bei Sonneneinstrahlung. Die Sonne als Wärmelieferant bildet ebenso wie die kontrollierte Belüftung mit Wärmerückgewinnung, die Solarkollektoren, die ökologische Dämmung und die luftdichte Ausführung der baulichen Hülle einen wichtigen Baustein des Energiekonzepts. Ein Pellets-Primärofen, dessen Energie in einen Pufferspeicher eingespeist wird, ist zentral im Wohnraum positioniert und sorgt so gleichzeitig als sichtbare Feuerstelle für wohlige Atmosphäre. Eine Schlafgalerie spannt sich über die Küche, und in einem ruhigen, jedoch wundervoll belichteten Eck mit Blick zum Innenhof hat sich die Familie ihr „Sitz- und Entspannungseck" eingerichtet. Von der gemütlichen „Wohnhalle" führt ein Erschließungsgang zu den Kinderzimmern, dem Elternschlafzimmer und dem Bad. Alle Kinderzimmer wurden sehr geräumig geplant und verfügen jeweils über eine eigene Schlafgalerie. Möglich wurde dies dadurch, dass auch hier der Bereich unter dem Dach mit einbezogen wurde. Wie das Haus in seiner Gesamtanlage, so gewinnen auch die individuellen Wohnbereiche eine außergewöhnliche räumliche Qualität.

1 Eingang
2 Essen
3 Kochen
4 Wohnen
5 Kind
6 Bad
7 HWS
8 WC
9 Arbeiten

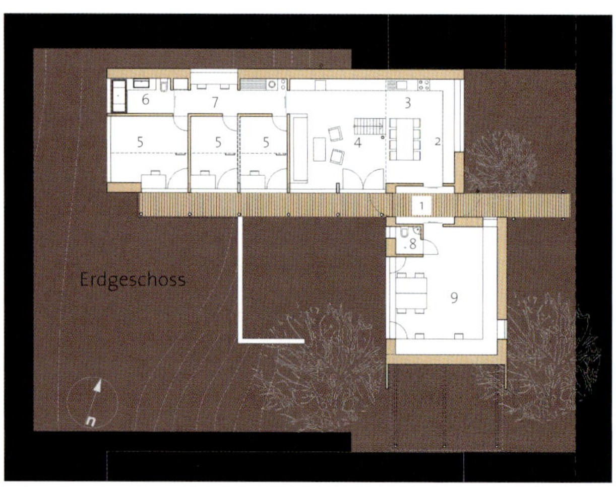

Linke Seite oben Familie Vallentin auf der Galerietreppe.

Unten Der Sitzplatz im aufgekiesten Atrium wird während der warmen Jahreszeit intensiv genutzt.

Oben Blick durch den Wohnraum zum Essbereich. Rechts hinten der Durchgang zum Eingangsbereich und zum Bürotrakt.

Baudaten

Standort	Dorfen/Bayern
Bauzeitraum	2005–2006 (6 Monate)
Grundstücksfläche	ca. 800 m²
Wohnfläche	169 m² (zuzüglich 217 m² Nutzfläche)
Bruttorauminhalt	878 m³
Baukosten (gesamt brutto)	220 000 €
Besonderheiten	Passivhausstandard

45 Stimmungsvoll wohnen in der Altstadt

Architektur: Ralf Grotz, Erding

Auf der Suche nach neuen und spannenden Wohn-Rezepten in gewachsenen Altstadtbereichen muss man sich, wie das Beispiel einer gelungenen Aufstockung in Erding zeigt, nicht immer mit dem traditionellen, allseits bekannten Eintopf zufrieden geben. Das architektonische Festmenü besteht hier aus einer außergewöhnlichen, zweigeschossigen Aufstockung mit viel Atmosphäre, sagenhafter Belichtung und einem idyllischen Garten als Dreingabe – und das alles im Herzen der Altstadt. Dieses gelungene Werk wurde mit dem Fassadenpreis des Landkreises Erding ausgezeichnet.

Oben Ansicht des idyllisch eingebetteten Gebäudes vom Gartenhof. Eine rosenbewachsene Außentreppe erschließt die aufgestockten Geschosse.

Rechte Seite Blick vom Galeriebereich unter dem Dach durch den innenliegenden „Patio" zum Entspannungs-Eck. Unten links der Eingangsbereich. Auf der Galerie der berühmte Sessel von Le Corbusier (von Cassina), links davon ein Klappsofa von Ligne Roset.

Es war ein Glücksfall, dass die Bauherren im Jahr 1994 nach längerer Suche auf eine Innenstadt-Immobilie der besonderen Art stießen. Hinter einer Tordurchfahrt verborgen, lag ein zweigeschossiges Gebäude, das ehemals als Pferdestall mit darüber liegender Kutscherwohnung genutzt worden war. Statt einem geteerten oder gepflasterten Umfeld bot sich hier noch dazu ein Blick auf viel umgebendes Grün und ein komfortabler Abstand zum Nachbarhaus. Architekt Ralf Grotz fand für die Ansprüche des Bauherrn die optimal passende Lösung: Der bis auf die teilweise Sanierung des Putzes unverändert gebliebene, heute als Werkstatt und Garage genutzte Stallbereich

Unten Blick durch Ess- und Kochbereich zur Treppe. Um den Tisch antike Bistro-Stühle von Thonet. Der mittige Lichthof verbindet die beiden Geschosse und trägt so maßgeblich zum außergewöhnlichen Raumeindruck bei.

sollte eine zweigeschossige Aufstockung mit Balkon bekommen. Das Ergebnis überzeugt in allen Belangen: Hat man die neu vor die Fassade gestellte, rosenumrankte Stahltreppe erklommen, betritt man eine wundervolle, über zwei Wohnebenen geöffnete Traumwohnung. Durch die große, patioartige Öffnung in der oberen Etage ergeben sich von oben wie unten vielfältige Blickbeziehungen, die Wohnung wird als Raumzusammenhang erlebbar. Dem Schlaf- und Entspannungsbereich auf der oberen Etage ist ein über die gesamte Fassade laufender Balkon zugeordnet – tief genug, um sich auch einmal auf einer Liege auszustrecken. Die schiffsartige Gestaltung rundet das „Wellness-Deck" ab.

Im Hinblick auf die bestmögliche Raumwirkung verzichtete der Bauherr gern auf zusätzliche Wohnfläche, zumal diese ohnehin mehr als ausreichend bemessen ist. Für viel Atmosphäre sorgen nicht zuletzt die großzügigen Belichtungsöffnungen, etwa in Gestalt einer großen, in das Pultdach integrierten Verglasung, die unter sich einen atriumartigen Lichthof entstehen lässt. Eine wunderschöne Beschattung aus Schilfmatten verhindert jegliche sommerliche Überhitzung und erzeugt in der Wohnung eine milde, gebrochene Lichtwirkung. Eine gesprosste Übereck-Verglasung aus Stahlprofilen ermöglicht in der unteren Ebene einen perfekten Ausblick in den Garten. In das Eck ist eine Polsterbank eingepasst, die von Mensch und Katze gern genutzt wird. Insgesamt die ideale Wohlfühl-Maisonette in der Stadt!

Blick durch die obere Wohnebene. Die Dachverglasungen mit filigranem Sonnenschutz aus Schilfmatten und der Lichthof sind hier in ihrer korrespondierenden Wirkung zu sehen.

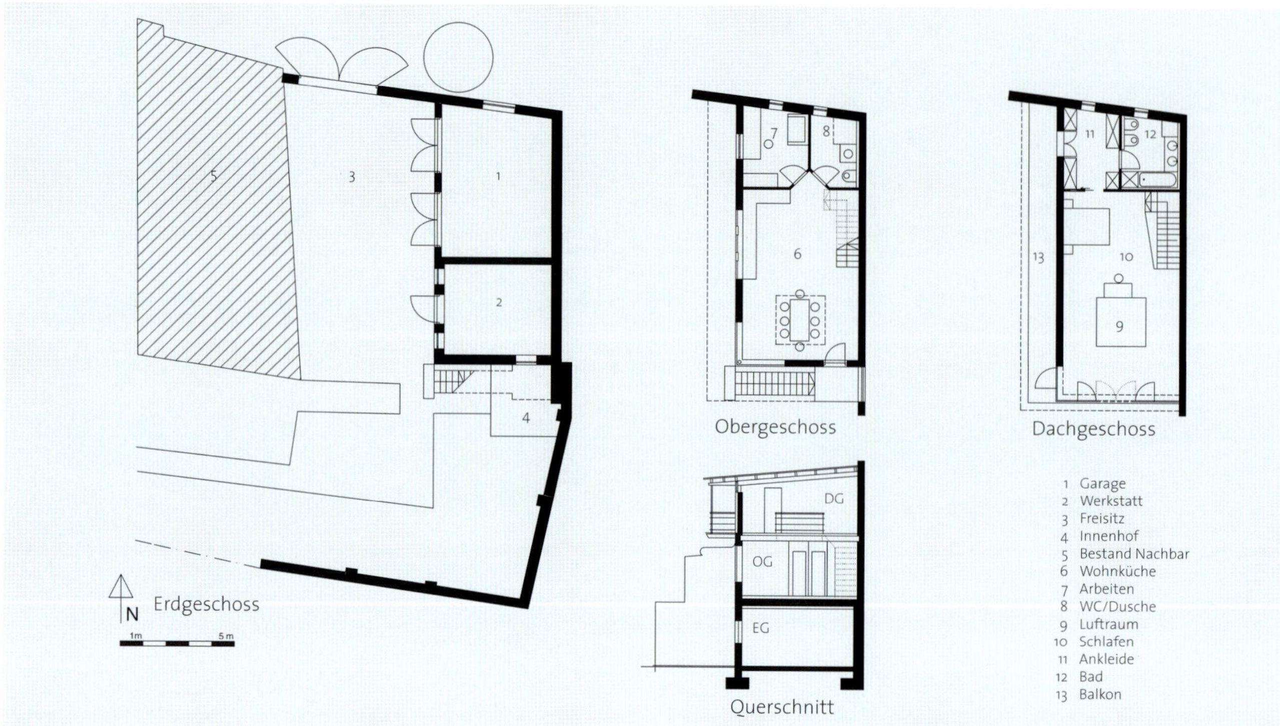

Erdgeschoss
N
1m
5m
Obergeschoss
Dachgeschoss
Querschnitt
DG
OG
EG
1 Garage
2 Werkstatt
3 Freisitz
4 Innenhof
5 Bestand Nachbar
6 Wohnküche
7 Arbeiten
8 WC/Dusche
9 Luftraum
10 Schlafen
11 Ankleide
12 Bad
13 Balkon

Oben Wohlfühleck mit Stubentiger: Die Liege mit Gartenblick und die gepolsterte Fensterbank nutzen die wunderbare Belichtung hinter der Stahlverglasung, die historischen Eisenfenstern nachempfunden ist.

Linke Seite links Kreatives Ideen-Potpourri: Das Handwaschbecken ruht in einem umfunktionierten alten Blumenständer aus Schmiedeeisen, die einfache, wandmontierte Armatur von Vola passt dazu bestens. Die hochwertigen Tonfliesen gehen ohne Barrieren in den Duschbereich über.
Rechts Blick von der Ankleide in den Schlafraum. Die aufgearbeiteten und neu gestrichenen Innentüren versahen vor dem Umbau ihren Dienst als Außenklappläden.

Baudaten

Standort	Erding/Bayern
Umbauzeitraum	1996 (8 Monate)
Grundstücksfläche	ca. 553 m^2
Wohnfläche	90 m^2
Bruttorauminhalt	570 m^3
Umbaukosten	keine Angaben

46 Feuer und Wasser

Architektur: Walbrunn Grotz Architekten, Bockhorn/Erding

Wasser ist ohne Zweifel ein beruhigendes Element, dessen Vorhandensein das Wohlergehen fördert und die Erholungsphasen verkürzt. Die Familie Huber hat das nasse Element zusammen mit ihren Architekten perfekt in Szene gesetzt und ihr Haus um einen Innenhof mit bambusumstandenem Becken gebaut. Das ergänzende Gegenbild zum kühlen und ruhigen Wasser bildet die Wärme des flackernden Kaminfeuers im Essbereich, der dank der gläsernen Fassade in direkte visuelle Zwiesprache mit dem Wasserbecken tritt.

Der Ess- und Kochbereich einerseits und das Wohnzimmer andererseits formen zusammen einen rechten Winkel um das Atrium mit dem sommerlichen Sitzplatz, die transparenten Außenwände ermöglichen direkte wechselseitige Blickbeziehungen beziehungsweise – im Fall des Wohnzimmers – Ausblicke in den nordseitigen Garten, wo sich eine bewusst reduziert gestaltete Spielwiese befindet. Während sich die gemeinsamen Wohnräume auf der nördlichen Seite befinden, sind zum Eingang hin Büro- und Nebenräume untergebracht, im Obergeschoss befinden sich die individuellen Zimmer der Kinder und Eltern.

Da Garten- und Landschaftsplanung ihr tägliches Geschäft ist, fiel es dem Ehepaar Huber

Oben Der straßenzugewandte Eingangsbereich ist als großzügige Sitz- und Kletterlandschaft aus Natursteinblöcken, Kies und Gräsern (hier Pampasgras) gestaltet.

Ganz oben Blick in das dreiseitig geschlossene Atrium mit dem Wasserbecken und dem Sitzplatz. Im Flachdach-Trakt links befindet sich der Wohnbereich.

Rechte Seite Die Natur als Spiegelbild: Blick vom nordseitigen Garten durch den Wohnraum ins Atrium.

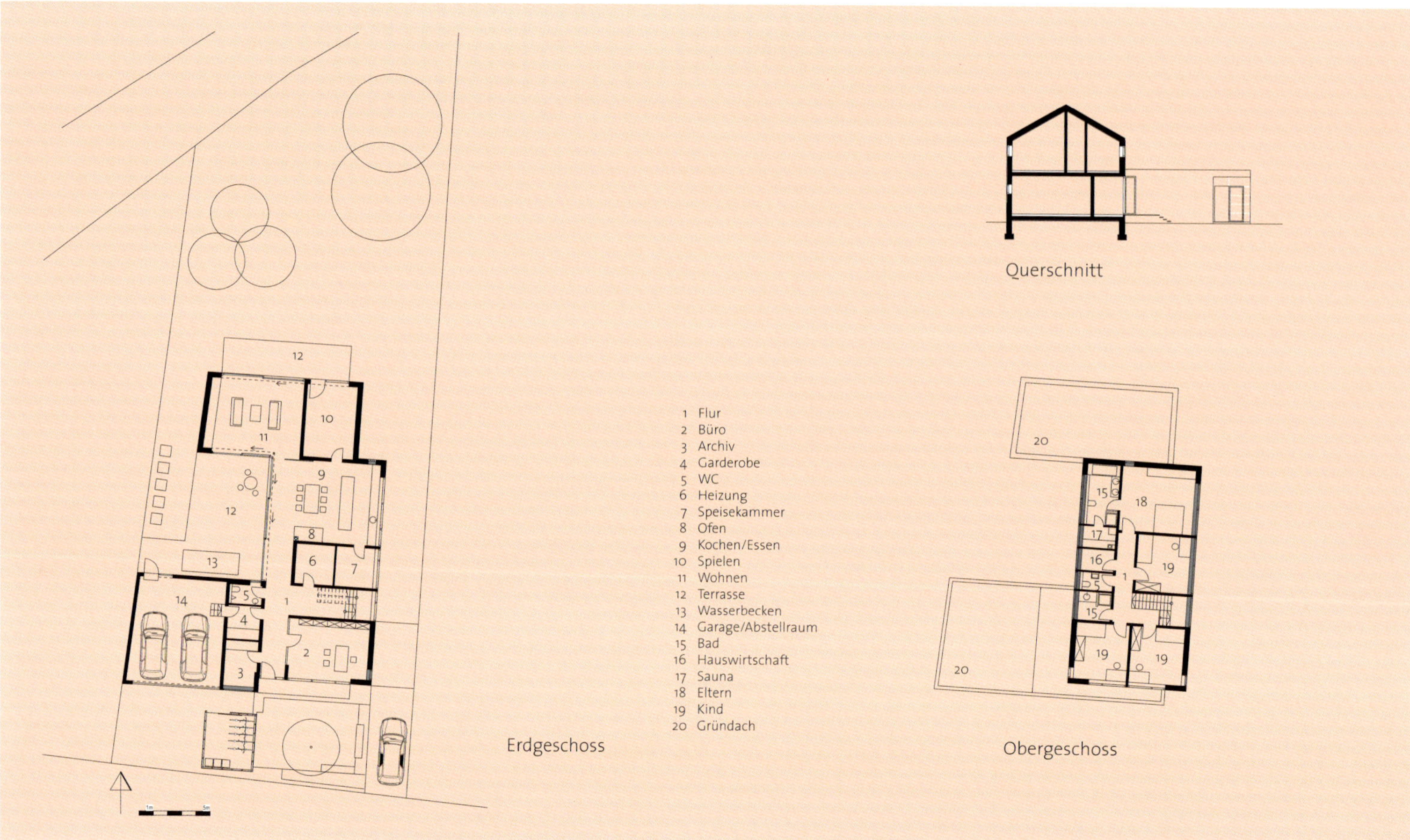

nicht schwer, sich selbst um die Planung und Ausführung der Außenanlagen zu kümmern. Der aus Granitstelen und -platten, Gräsern und aufgekiesten Flächen gestaltete großzügige Vorgarten ist ohne Barrieren wie etwa Zäune ausgeführt und mit Bänken als attraktiver Aufenthaltsbereich gestaltet. Die Anlage des Atriums bedient sich im Stil zeitgemäß interpretierter asiatischer Einflüsse: Das dem Sitzplatz zugeordnete Wasserbecken ist durch eine in den Holzrost der Terrasse eingelassene Edelstahlrinne mit einem geradlinig gestalteten Brunnenstein verbunden, der als Wasserspender fungiert. Das begleitende Beet mit Bambus, dessen filigrane Blättchen sich mit dem Wind bewegen, spiegelt sich im Wasser und in den Scheiben der Fassade. Dahinter macht man es sich alle Tage zum Essen gemütlich, in der kalten Jahreszeit lockt der Ofenblock mit integriertem, in warmem Rot akzentuiertem Sitzplatz. Die mit einem Filzkissen gepolsterte Ofenbank ist in der Art eines Alkovens in die Wand integriert und bietet ausreichend Sitzgelegenheiten für alle Familienmitglieder oder auch für eine individuelle Auszeit zum Entspannen. So ist das ganze Haus auch ohne exklusive Wellness-Ausstattung eine wahre Wohlfühl-Oase.

Rechte Seite oben Außergewöhnliche Innenarchitektur: Im Ess- und Kochbereich gibt es einen in warmem Rot akzentuierten Kuschel-Alkoven beim Ofen, der mit rohen, verzunderten Stahlplatten verkleidet wurde.
Unten Gelungene Zwiesprache der Elemente: Der brennende Kamin und das bambusumstandene Wasserbecken im Atrium scheinen durch die großen, schwellenlos eingebauten Schiebeverglasungen miteinander zu verschmelzen. Die hellen Solnhofener Platten im Erdgeschoss verstärken den lichten Charakter der Architektur.

Baudaten

Standort	Allershausen/Bayern
Bauzeitraum	2005 (8 Monate)
Grundstücksfläche	ca. 1000 m^2
Wohnfläche	241 m^2
Bruttorauminhalt	1400 m^3
Baukosten	keine Angaben

47 Pool-Villa fürs Leben im Freien

Architektur: Walbrunn Grotz Architekten, Bockhorn/Erding

Die lang gestreckte Villa mit zwei Wohnebenen und aufgesetzter Dachlaterne nimmt nahezu die gesamte Länge des Grundstücks ein. Die tragenden Wände des Ursprungsbaus aus den 1970er Jahren auf der Nord- und Westseite sind beim Umbau im Jahr 2000 komplett abgebrochen und durch Stahlträger ersetzt worden, um ein modernes Wohnhaus mit transparenten Fassaden entstehen zu lassen.

Das gesamte Haus ist nun von Westen so gut belichtet, dass selbst im oberen Geschoss der Eindruck herrscht, man befände sich im Freien. Die Funktionen Wohnen, Essen und Kochen gehen ineinander über und werden im Winter bis in die hintersten Winkel von den Sonnenstrahlen erreicht. Die durch die Glasfassade eingestrahlte Sonnenwärme wird von den Naturschiefer- und Parkettböden gespeichert und dann wieder allmählich abgegeben. Bei geöffneter Zimmertüre profitiert auch das Spielzimmer von der zusätzlichen westseitigen Belichtung, die über den vorgeschalteten, breiten Flur hereindringt.

Der neu angelegte, mit Naturstein kunstvoll gestaltete Bereich des Schwimmbeckens bildet den gestalterischen Mittelpunkt der Außenanlagen und den Lieblingsplatz der

Oben Gesamtansicht der lang gestreckten Westfassade. Die Niveauunterschiede werden durch Treppen abgefangen. Am Pool stehen eine Außendusche und ein Sitzplatz zur Verfügung.

Rechte Seite Freiluft-Architektur am Pool: Die Frontalansicht des nördlichen Gebäudetrakts zeigt, dass die sonnen- und wettergeschützten Sitz- und Liegeplätze als integrale Bestandteile des Hauses aufgefasst worden sind.

ganzen Familie. Eine in die Planung integrierte Außendusche ermöglicht die Abfrischung vor dem Badeerlebnis. Auf der oberen Eingangsebene wie auch auf der Gartenebene befinden sich unter das Vordach eingezogene, komplett regengeschützte Sitzbereiche, die mit ihrer Möblierung und den flankierenden, vor der Witterung schützenden Wandscheiben Wohnräumen im Freien ähneln. Eine gläserne Villa ohne Protz, dafür aber mit höchster Architektur- und Wohnqualität.

Links Sitzlandschaften im Freien. Der Bodenbelag besteht aus Lärchenholzbrettern, die Wände aus Sichtbeton schützen vor unangenehmen Winden. Die Liegen sind aus wetterfestem Material gefertigt, sodass sie in diesem überdachten Bereich im Grunde das gesamte Jahr im Freien überdauern können.

Rechte Seite Großzügigkeit und Helligkeit, so weit das Auge reicht: Blick vom Wohnbereich entlang der Glasfassade zum Eingangsbereich.

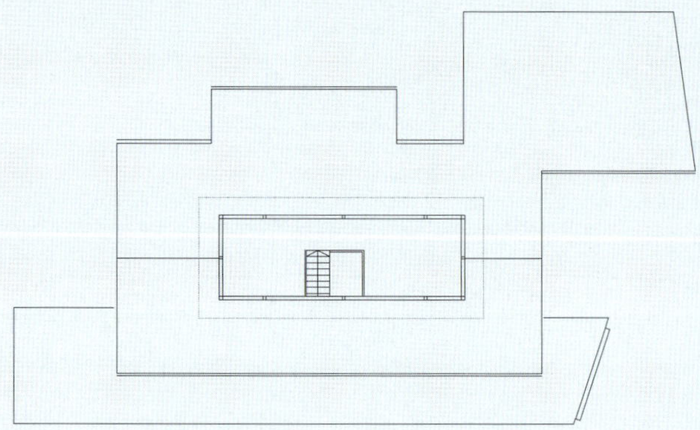

Dachgeschoss

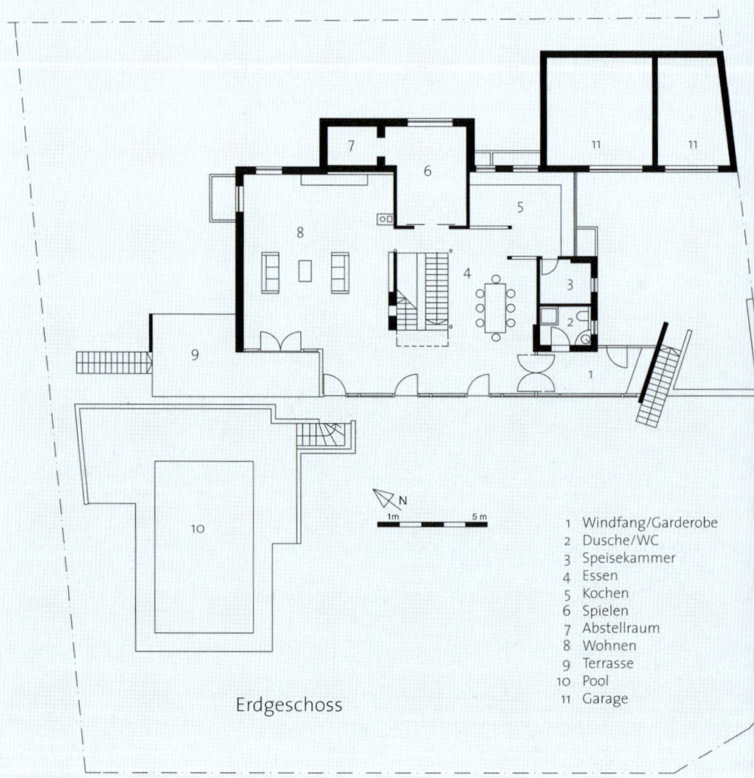

Erdgeschoss

Baudaten

Standort	Landkreis Erding/Bayern
Bauzeitraum	2000 (7 Monate)
Grundstücksfläche	ca. 1000 m²
Wohnfläche	264 m²
Bruttorauminhalt	1200 m³
Baukosten	keine Angaben

48 Farbakzente und Raumerlebnis

Architektur: Walbrunn Grotz Architekten, Bockhorn/Erding

Farbige Akzente leisten in vielen Fällen gute Dienste, die Architektur nicht zu sachlich wirken zu lassen und der Gesamtkomposition eine individuelle Gestaltungsidee hinzuzufügen, die das Wohnerleben aufwertet. Beim Haus der Familie Spieleder besteht diese besondere Note aus einem in frischem Hellgrün gestrichenen, ausgesprochen freundlich und zugleich beruhigend wirkenden Treppenbereich. So wird auch dieser ansonsten oft etwas stiefmütterlich behandelte Erschließungsbereich zu einem wesentlichen Bestandteil der Raumwirkung.

Nicht, dass das nahe dem oberbayrischen Erding gelegene Gebäude ansonsten als unscheinbar zu bezeichnen wäre: Der dem Garten zugewandte Wohn-, Ess- und Kochbereich kommt nicht nur in der Horizontalen fast ohne trennende Barrieren aus, sondern öffnet sich auch in der Vertikalen über zweieinhalb Geschosse bis zum First. Eine offene, multifunktional nutzbare Galerie im Obergeschoss mit spektakulärem Blick in den Raum und nach draußen spannt sich über die Kaminecke, ansonsten herrscht gänzlich offenes Wohnen. Die zum Garten hin zwei Geschosse hohe Glasfassade belichtet das gesamte Haus, bei geöffneten Türen profitieren selbst die Kinder- und Elternschlafzimmer auf der oberen Ebene

Oben Blick zum Eingangsbereich von Nordosten.

Rechte Seite Der offene Luftraum im Bereich des Wohn- und Esszimmers schafft faszinierende Durchblicke und ein großzügiges Raumempfinden. Die Fenstertüre in der Bildmitte ermöglicht den direkten Durchgang zwischen Koch-/Essbereich und Terrasse.

Eine Erschließungszone als Hingucker: Ein frisches Hellgrün befreit zusammen mit der begleitenden Wandbeleuchtung den Eingangs- und Treppenbereich von allem Unscheinbaren.

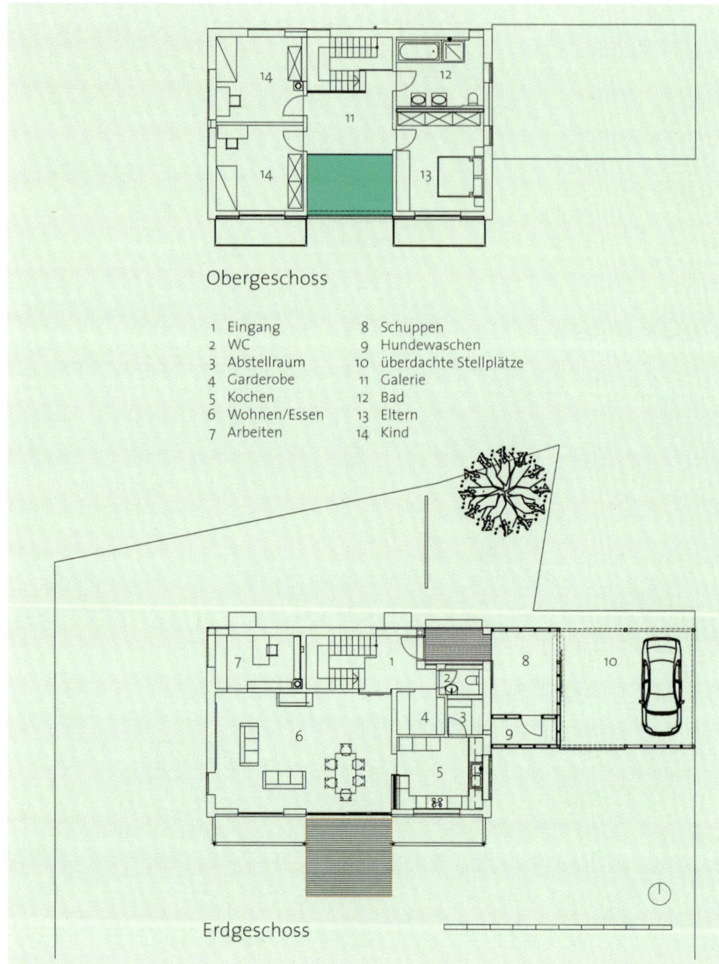

von dem offenen Raumkonzept und der perfekten Lichtregie. Die geschickte Unterbringung der Nebenräume auf der Nordseite trägt das Ihre zu der höchst großzügigen Raumwahrnehmung bei.

Ein kurzer Weg führt von Küche und Essplatz zur großen, holzgedeckten Terrasse, deren Südausrichtung für optimale Besonnung während des ganzen Tages sorgt. Einige Stufen über das Garten-Niveau erhoben, wirkt der Freisitz besonders eindrucksvoll. Der zentral auf das Haus zulaufende Weg unterstreicht die Wirkung der Architektur und der südseitigen Glasfassade.

Dieses Haus zeigt, dass der Verzicht auf einige Quadratmeter Wohnfläche im Hinblick auf die Größenwahrnehmung des Innenraums wahre Wunder wirken kann. Der bewusste Einsatz des natürlichen Lichts und mit Bedacht gesetzte Farbakzente geben dem Werk den letzten Schliff.

Oben Die Freitreppe auf der Südseite inszeniert gekonnt den zentralen Bereich des Hauses mit der Terrasse.

Unten Blick ins Badezimmer.

Baudaten

Standort	bei Erding/Bayern
Bauzeitraum	2006 (Monate)
Grundstücksfläche	ca. 600 m^2
Wohnfläche	153 m^2 (zuzüglich 59 m^2 Nutzfläche)
Bruttorauminhalt	995 m^3
Baukosten	keine Angaben

49 Ein Doppelhaus auf höchstem Niveau

Architektur: Walbrunn Grotz Architekten, Bockhorn/Erding

Doppelhäuser gelten den meisten Bauherren nicht unbedingt als Traumhäuser, eher als Sparlösungen für den Fall, dass ein Einfamilienhaus nicht möglich ist. Die Qualität der Raumsituationen in dem hier vorgestellten Beispiel, das als Niedrigstenergiehaus im KFW-40-Standard entstand, hat allerdings so gar nichts von einem Notbehelf, sondern erfüllt höchste Wohnansprüche. Sowohl hinsichtlich des Platzangebots als auch der Innenarchitektur bietet sich für beide Familien ein außergewöhnliches Ambiente, das im Detail nach den jeweiligen individuellen Präferenzen gestaltet werden konnte.

Während im einen Fall die Entscheidung für eine filigran wirkende Spindeltreppe aus Stahl mit Holztritten fiel, entschied man sich im anderen Fall für eine sehr geschlossen und skulptural wirkende Podesttreppe. In beiden Haushälften sorgen sichtbare Holzbalkendecken und teils auch Parkettböden für eine warme Wohnatmosphäre, die bisweilen noch durch tiefrot gestrichene Wandscheiben betont wird. Wohn-, Ess- und Kochbereich gehen offen ineinander über, sind aber mittels dazwischengesetzter Wandscheiben und versetzter Niveaus ausgesprochen spannungsreich strukturiert. Große Glasflächen vor allem nach Süden und Westen, die mittels Holzlamellen-

Oben Gesamtansicht des Doppelhauses von Südwesten. Beide Gebäudehälften besitzen großzügige, gut besonnte Terrassen- und Balkonbereiche.

Rechte Seite Offene Raumzusammenhänge, Split-Level-Bauweise und raffiniert gesetzte Durchblicke sorgen – hier in der nördlichen Haushälfte – für eine höchst spannende Innenraumgestaltung. Die sichtbar gehaltenen Balken vergrößern die Deckenhöhen und bringen ein stimmungsvolles Element ein.

Gegenschuss zum Foto auf der Seite 231 mit rahmenloser Verglasung zwischen Eingangs- und Wohnbereich, die einen Durchblick bis zum Garten ermöglicht. Rechts der Essplatz.

Das Elternschlafzimmer unter dem Dach der südlichen Doppelhaushälfte. Der Schlafplatz ist durch eine Wandscheibe separiert, dadurch entsteht eine intime Atmosphäre. Eine Dreieckverglasung bewahrt die visuelle Durchgängigkeit zur in den Raum integrierten Lese-Empore.

Schiebeläden verschattet werden können, gehören zum modernen Architekturkonzept mit einer wirkungsvollen passiven Sonnenenergienutzung.

Im nördlichen Zugangsbereich sorgt neben dem größtmöglichen Bauabstand ein Carport für zusätzliche Privatheit, Sonnenblumen für einen Hauch mediterraner Atmosphäre. Die Terrassenbereiche im Garten wie auch im Dachgeschoss sind zur Süd- und Westseite orientiert und mit Pergolen überdeckt. Die Fassaden spielen mit dem Wechsel heller Glasflächen sowie schwarzer Fassaden- und Dachflächen, akzentuiert von mit Douglasienleisten verschalten Bereichen und Schiebeläden. Die schwarze Farbe führt als angenehmer Nebeneffekt zur Bildung eines warmen Luftstroms, der im Sommer über die Hinterlüftungsebene abgeführt wird, im Winter aber für eine weitere Senkung der Heizkosten sorgt. Ein Doppelhaus von höchster Energieeffizienz und höchstem Wohnkomfort.

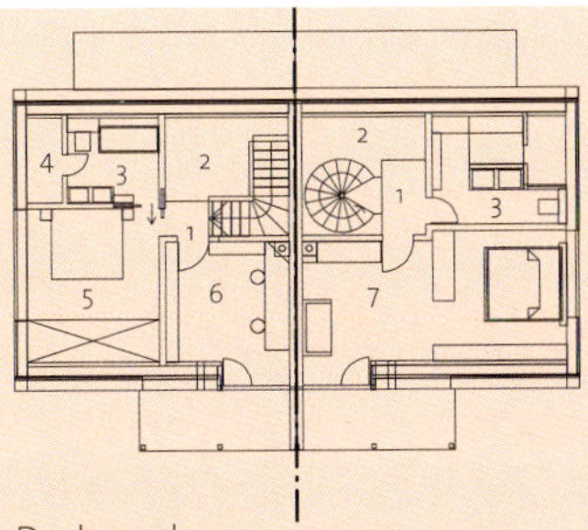

1 Flur
2 Luftraum
3 Bad
4 Dampfdusche
5 Eltern
6 Arbeiten
7 Schlafen/Lesen

Dachgeschoss

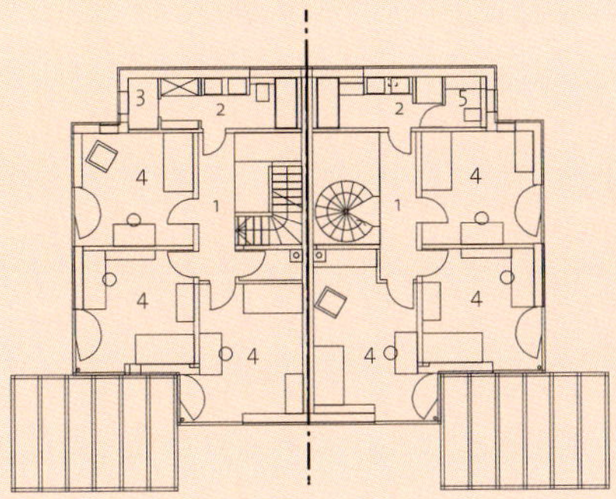

1 Diele
2 Bad
3 Dusche
4 Kind
5 WC

Obergeschoss

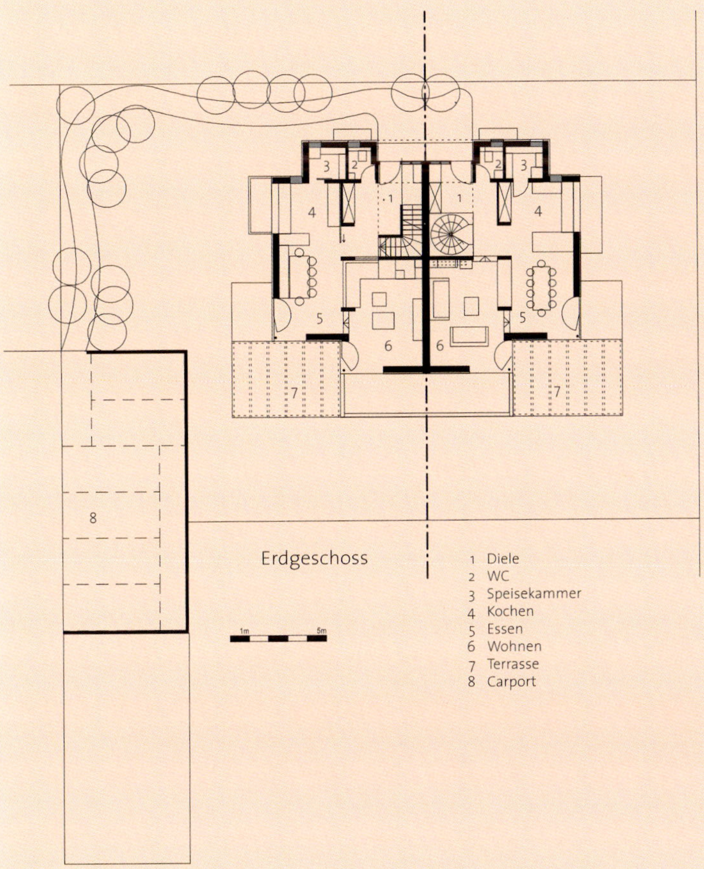

Erdgeschoss

1 Diele
2 WC
3 Speisekammer
4 Kochen
5 Essen
6 Wohnen
7 Terrasse
8 Carport

Zwei Stufen trennen in der südlichen Haushälfte den tieferen Wohn- vom Ess- und Kochbereich. Links der rahmenlos verglaste Durchblick zur Diele.

Baudaten

Standort	Erding/Bayern
Bauzeitraum	2006 (7 Monate)
Grundstücksfläche	ca. 760 m² (beide Doppelhaushälften)
Wohnfläche	166 m² je Doppelhaushälfte
Bruttorauminhalt	1095 m³ je Doppelhaushälfte
Baukosten	keine Angaben

50 Traumhaus am Hang

Architektur: Wellmann Ladinger, Bregenz (Österreich)

Die jungen Vorarlberger Architekten Judith Wellmann und Martin Ladinger beherrschen den Luxus der Klarheit. Sie verstanden es beim Wohnhaus der Familie Schwarz, eine eindeutige Formensprache mit einem außergewöhnlichen Wohngefühl zu vereinen. Zutaten sind in erster Linie eine geschickte Raumausnutzung, eine exzellente Innenarchitektur und ein traumhafter Blick Blick über das Vorarlberger Rheintal und die Schweizer Berge, der sich vom Innenraum wie auch von Balkon und Terrasse bietet.

Was heute ein sehr leicht wirkender Baukörper ist, war in der Planung und Ausführung ein hartes Stück Arbeit für die Architekten. Die extrem schmale und steile Hangparzelle erforderte eine entsprechend exakte Ausrichtung des Hauses im Raum und nicht zuletzt eine aufwändige Geländemodellierung. Es entstand ein lang gestrecktes, sich nach Süden und Westen über zwei Geschosse zur Landschaft öffnendes Haus mit umlaufender Balkon-Loggia, die auf der Nordwestseite in eine Sonnenterrasse übergeht. Die Übergänge zwischen Außen- und Innenraum sind durch die großen Glasflächen wie aufgelöst.

Der großzügige Einraum besitzt keine trennenden Wände, sehr wohl aber eine durch Einbauten

Linke Seite oben Parallel zum Hang gestellt, lässt das Haus trotz seiner vielen Verglasungen kaum Einblicke von außen zu.

Linke Seite unten Die Frontalansicht der Schmalseite mit der über das Erdgeschoss auskragenden Loggia. Die Garage ist in das Haus integriert. Deutlich wird hier die beengte Lage des Gebäudes mit naher Nachbarschaft, die im Innern des Hauses aber überhaupt nicht spürbar ist. Rechts die Treppe zum Eingang.

Oben Der gemauerte Ofen mit integrierten Ablageflächen wirkt als Rückendeckung für den Essplatz und als skulpturales Element der Raumstruktur. Im Winter und in der Übergangszeit reichen die Sonnenstrahlen bis weit in den Wohnraum hinein.

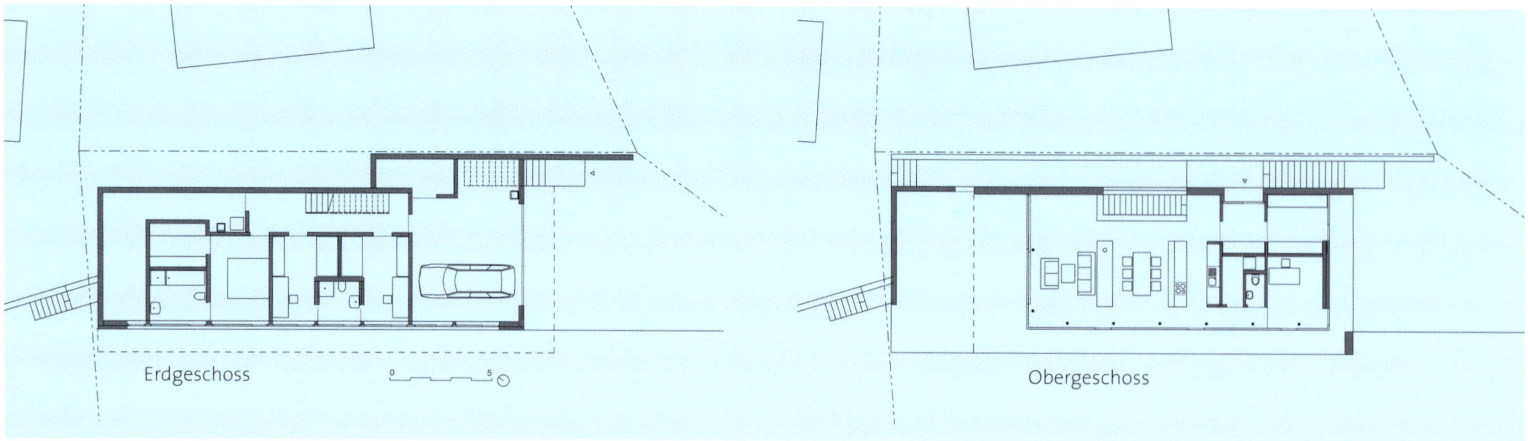

Links Das Elternschlafzimmer im Erdgeschoss mit angeschlossenem Bad (rechts hinten) und Schrankraum. Die verputzten und gestrichenen weißen Wände intensivieren die Helligkeit des Zimmers. Im Erdgeschoss sind auch die Lärchenholzfenster weiß gestrichen.

Rechte Seite oben Der Wohnraum öffnet sich zum grandiosen Panorama, das sich vom deutschen Bodenseeufer über die Schweizer Berge bis zu den Gipfeln im Vorarlberger Rheintal erstreckt. Der Boden besteht aus massivem Nussholz, die Fenster aus naturfarbenem Lärchenholz.

Rechte Seite unten Blick vom Essplatz über den Tresen bis zum Eingangsbereich (links). Die Oberflächen des Küchenblocks sind in Entsprechung zum Boden vom Schreiner in Nussholz gefertigt, um so eine hohe Einheitlichkeit und geschlossene Wirkung der gewählten Materialien herzustellen.

wie Küchenblock und Ofen klar rhythmisierte Abfolge der Funktionen Wohnen, Essen und Kochen. Die willkommene Folge dieses Kunstgriffs ist, dass im Stehen der Eindruck von Weite, im Sitzen der von Geborgenheit überwiegt. Allgegenwärtig ist der Ausblick auf den Himmel, die Gebirgslandschaft und die Stadt. Zur nahen Nachbarbebauung auf der Nordseite wurde parallel zum Treppenabgang ins Hanggeschoss ein satiniertes Fensterband angeordnet, das Licht in den Wohn- und den Erschließungsbereich holt, Einblicke jedoch nicht zulässt. Das etwas intimere, eingezogene Untergeschoss mit Kinderzimmern und Elternschlafzimmer gibt dem transparenten Gebäude genau die richtige Portion Bodenhaftung.

Baudaten

Standort	Kennelbach bei Bregenz/ Vorarlberg (Österreich)
Bauzeitraum	2006–2007 (10 Monate)
Grundstücksfläche	ca. 800 m²
Wohnnutzfläche	150 m²
Bruttorauminhalt	ca. 787 m³
Baukosten	keine Angaben

Anhang

Adressen der Architekten und Planer

1 atelier-f architekten/Kurt Hauenstein
CH-7306 Fläsch
Tel.: +41 / (0)81 / 3 30 12 92
architektur@atelier-f.ch
www.atelier-f.ch

2 & 3 Bernardo Bader, Architekt
Steinebach 11
A-6850 Dornbirn
Tel.: +43 / (0)55 72 / 20 78 96
mail@bernardobader.com
www.bernardobader.com

4 baumraum
Architekt Andreas Wenning
Roonstraße 49
28203 Bremen
Tel.: 04 21 / 70 51 22
a.wenning@baumraum.de
www.baumraum.de

5 beaufort architekten – Michael Smoly
Elisabethstraße 3
A-6020 Innsbruck
Tel.: +43 / (0)5 12 / 56 02 76 11
smoly@beaufort.at
www.beaufort.at

6 & 7 Bembé Dellinger Architekten BDA
Im Schloss
86926 Greifenberg
Tel.: 0 81 92 / 99 99 12
mail@bembe-dellinger.de
www.bembe-dellinger.de

8 Ulrich Brackhagen, Architekt
Veghestraße 11
48149 Münster
Tel.: 02 51 / 92 23 04
E-Mail: info@brackhagen-architekten.com
www.brackhagen-architekten.com

9 & 10 Dalla Corte + Völkle Architekten
Bahnhofstraße 20 a
CH-8272 Ermatingen
Tel.: +41 / (0)71 / 6 66 65 00
info@dallacorte.ch
www.dallacorte.ch

11–13 Deppisch Architekten
Michael Deppisch
Obere Hauptstraße 26
85354 Freising
Tel.: 0 81 61 / 14 19 97
mail@deppischarchitekten.de
www.deppischarchitekten.de

14 Dura Architekten
Leipziger Straße 24
04416 Markkleeberg
Tel.: 03 41 / 2 12 23 02
info.dura@dura-architekten.de
www.dura-architekten.de

15 Linn Evert, Innenarchitektur
Roonstraße 9
20253 Hamburg
Tel.: 0 40 / 25 48 27 87
linn.e@web.de

16 & 17 Gregor Fuchshuber und Partner
Freie Architekten BDA
Ranstädter Steinweg 28
04109 Leipzig
Tel.: 03 41 / 98 24 40
www.fuchshuberpartner.de

18 Sebastian Geiger, Architekt
Memminger Straße 2
87773 Pless
Tel.: 0 83 35 / 98 66 66
architekt-geiger-pless@t-online.de
www.architekt-geiger.de

19 Gerharz + Gerharz Architekten u. Ingenieure
Architekt Sascha Gerharz
Arzbacher Straße 77
56130 Bad Ems
Tel.: 0 26 03 / 9 60 60
gerharz-gerharz@t-online.de
www.gerharz-gerharz.de

20 Michael Hamm, Architekt
Wielandweg 8
89584 Ehingen/Donau
Tel.: 0 73 91 / 5 24 21
info@architekt-hamm.de
www.architekt-hamm.de

21 Hicker Architekten
Kolpingstraße 12
86316 Friedberg
Tel.: 08 21 / 60 12 24
info@hicker-architekten.de
www.hicker-architekten.de

22 & 23 Ivano Iseppi, Architekt
Cäsar, Postfach 20
CH-7430 Thusis
Tel.: +41 / (0)81 / 6 51 04 40
iseppi@iseppiarchitekt.ch
www.iseppi-urbanplus.ch

24 kubusRot Architekten
Jakob Oberwalder
Millergasse 13
A-1060 Wien
Tel.: +43 / (0)1 / 5 95 62 27
www.kubusrot.at

25 löhle neubauer architekten BDA
Dominikanergasse 7
86150 Augsburg
Tel.: 08 21 / 3 49 09 49
info@loehle-neubauer.de
www.loehle-neubauer.de

26 & 27 Architekturbüro [lu:p]
Renee Lorenz
Ringstraße 21
96271 Grub am Forst
Tel.: 0 95 60 / 81 22
info@lu-p.de
www.lu-p.de

28 Martin Martin Delgado, Architekt
C. Pasaje el Velero, 1° Piso
E-Arrecife/Lanzarote 35500
Tel.: +34 / (0)9 28 / 59 72 53
nat@martinmartin.org
www.martinmartin.org

29 Theodor Merk, Architekt
Höllgasse 5
89361 Glöttweng
Tel.: 0 82 22 / 41 26 84
theo.merk@t-online.de

30 & 31 Andreas Petermann, Architekt
Am Breitle 2 a
86156 Augsburg
Tel.: 08 21 / 2 40 18 37
info@andreaspetermann.de
www.andreaspetermann.de

32 Martin Pool und Susanne Birkel Architekten
Adalbertstraße 23
80799 München
Tel.: 0 89 / 72 99 82 16
mp@pool-architekten.de
www.pool-architekten.de

33 ppag architects zt gmbh
Anna Popelka & Georg Poduschka
Gumpendorfer Straße 65
A-1060 Wien
Tel.: +43 / (0)1 / 58 74 47 10
www.ppag.at

34 Thomas Pscherer, Architekt
Jella-Lepman-Straße 41
81673 München
Tel.: 0 89 / 43 67 09 79
thomaspscherer@arcor.de

Dorothea Ronneburg, Innenarchitektin
Endlhauser Straße 5
82064 Holzkirchen
dr@ronneburg.org

Uta Mannhardt-Verbeek, Architektin
Kapuzinerstraße 35
80469 München
Tel.: 0 89 / 69 73 78 19
mannhardt.verbeek@t-online.de

35 rolf + hotz architekten
Matthias Hotz
Halle 8
Basler Straße 55
79100 Freiburg
Tel.: 07 61 / 7 05 14 17
hotz@rolf-hotz.de
www.rolf-hotz.de

36 Marina Rubin, Architektin
Wiesenbergstraße 45
A-5164 Seeham
Tel./Fax: +43 / (0)62 17 / 2 05 01
marina.rubin@aon.at
www.rubin-architektur.com

37 Architekturbüro Ulrich Rumstadt
Im Pferseer Schlössle
Stadtberger Straße 21
86157 Augsburg
mail@rumstadt-architekt.de
www.rumstadt-architekt.de

38 Rodolfo Schmidt Zagert & Sandra Portelli
C. Estudio General, 2–4
E-07001 Palma de Mallorca
Tel.: +34 / (0)9 71 / 71 21 46
Fax: + 34 / (0)9 71 / 71 70 33
schmidtro@arquired.es

39–41 Schneider | Architekten BDA
Hutneck 2
78112 St. Georgen
Tel.: 0 77 24 / 94 82 80
info@schneider-architekturbuero.com
www.schneider-architekturbuero.com

42 Jörg Singer Architekturbüro/GmbH
Riedstraße 10
CH-8272 Ermatingen
Tel.: +41 / (0)71 / 6 60 06 90
joerg.singer@bluewin.ch
www.jsinger.ch

43 Ronald Stattmann, Architekt
Königsberger Straße 136
48157 Münster
Tel.: 02 51 / 2 15 03 65
ronaldstattmann@hotmail.com

kramerDesign
Tel.: 01 63 / 3 64 11 36
kramer@kramer-produkt-design.de
www.kramer-produkt-design.de

44 **Gernot Vallentin**
Am Marienstift 12
84405 Dorfen
Tel.: 0 80 81 / 95 57 45
www.vallentin-architektur.de

45 **Grotz Architekturbüro**
Ralf Grotz
Lange Zeile 19
85435 Erding
Tel.: 0 81 22 / 9 30 41
mail@grotz-architekturbuero.de

46–49 **Walbrunn Grotz Architekten**

Grotz Architekturbüro
Ralf Grotz
Lange Zeile 19
85435 Erding
Tel.: 0 81 22 / 9 30 41
mail@grotz-architekturbuero.de

Walbrunn Architekten
Emling 7 b
85461 Bockhorn b. Erding
Tel.: 0 81 22 / 1 83 99
walbrunn.architekt@t-online.de

50 **wellmann ladinger architekten**
Mehrerauer Straße 3
A-6900 Bregenz
Tel.: +43 / (0)6 99 / 17 88 88 43
office@wellmann-ladinger.com

Adressen im Buch genannter Hersteller

accent Kamine
In der Zikkurat
53894 Firmenich
Tel.: 0 22 56 / 95 00 59
accent-kamine@t-online.de
www.accent-kamine.de

Artemide Deutschland
Zentrale und Showroom
Hans-Böckler-Straße 2
58730 Fröndenberg
Postfach 1164
58717 Fröndenberg
Tel.: +49 / (0)23 73 / 97 50
www.artemide.de

Artline by Nya Nordiska
Am Gewerbehof 1, Nr. 7–9
50170 Kerpen
Tel.: +49 / 22 73 / 9 09 50
artline@nya.com
www.nya.com

Belux AG
Klünenfeldstraße 20
CH-4127 Birsfelden
Tel.: +41 / (0)61 / 3 16 74 01
belux@belux.com
www.belux.com
Belux Deutschland
Tel.: 0 76 21 / 1 61 60 74 01
deutschland@belux.co

BoConcept Germany GmbH
Vennhauser Allee 280
40627 Düsseldorf
Tel.: 02 11 / 9 29 67 60
germany@boconcept.com
www.boconcept.de

Bulthaup GmbH & Co. KG
Aich / Werkstraße 6
84155 Bodenkirchen
Tel.: 0 18 02 / 21 25 34
www.bulthaup.de

Casalgrande Padana
Via Statale, 467, n° 73
I-42013 Casalgrande (RE)
Tel.: +39 / 05 22 / 99 01
info@casalgrandepadana.it
www.casalgrandepadana.it

Cassina S.p. A.
Via Busnelli, 1
I-20036 Meda (Milano)
Tel.: +39 / 03 62 37 21
info@cassina.it
www.cassina.it

Catellani & Smith S.R.L
Zentrale und Vertrieb
Via Antonio Locatelli, 47
I-24020 Villa di Serio (BG)
Tel.: +39 / 035 / 65 60 88
Showroom:
Via Palma il Vecchio, 3
24122 Bergamo
Tel./Fax: +39 / 0 35 / 21 01 93
La Casa della Luce:
Via Ventura, 5
20134 Milano
info@catellanismith.com
www.catellanismith.com

Co.Design GmbH
Design und Vertrieb
Am Goldenen Feld 2
95326 Kulmbach
Tel.: 0 92 21 / 8 21 33 73
info@co-designers.de
www.co-designers.de

Colorker Ceramica
Ctra. de Alcora km 21,3
E-12110 Alcora (Castellon)
Telefon: +34 / 9 64 / 36 16 16
www.colorker.com

Dornbracht
Aloys F. Dornbracht
GmbH & Co. KG
Köbbingser Mühle 6
58640 Iserlohn
Tel.: 0 23 71 / 43 30
info@dornbracht.de
www.dornbracht.com/de/

Duravit AG
Werderstraße 36
78132 Hornberg
Tel.: 0 78 33 / 7 00
info@duravit.de
www.duravit.de

e15 Design und Distributions GmbH
Hospitalstraße 4
(Eingang Korfstraße 13)
61440 Oberursel
Tel.: 0 61 71 / 9 79 50
e15@e15.com
www.e15.com

El Viejo Almacén
Antiquitäten
Costa de Sa Creu, 20
E-07012 Palma de Mallorca
Tel.: +34 / 971 / 72 09 61

En Soie
Strehlgasse 26
CH-8001 Zürich
Tel.: +41 / (0)44 / 2 11 59 02
info@ensoie.ch
www.ensoie.ch

Erco Leuchten GmbH
Postfach 24 60
58505 Lüdenscheid
Brockhauser Weg 80–82
58507 Lüdenscheid
Tel.: 0 23 51 / 55 10
info@erco.com
www.erco.com

fjordfiesta furniture
Fuglsetbakken 41
N-6416 Molde
Tel.: +47 / 71 24 43 00
info@fjordfiesta.com
Showroom:
fjordfiesta furniture
Thorvald Meyersgate 15
N-0555 Oslo

flexform spa
industria per l'arredamento
Via Einaudi, 23 / 25
I-20036 Meda (MI)
Tel.: +39 / 03 62 / 39 91
info@flexform.it
www.flexform.it

Fritz Hansen A/S
Allerødvej 8
DK-3450 Allerød
Tel.: +45 / 48 17 23 00
www.fritzhansen.com

Die Holzschmiede
Massivmöbel GmbH
Berndorfer Straße 20
95349 Thurnau
Tel.: 0 92 28 / 99 60 40
service@holzschmiede.de
www.holzschmiede.de

Innovation Randers A/S
Blommevej
DK-8900 Randers
Tel.: +45 / 86 43 82 11
mail@inno.dk
www.inno.dk

Keramag
Keramische Werke AG
Kreuzerkamp 11
40878 Ratingen
Tel.: 0 21 02 / 91 60
info@keramag.de
www.keramag.de

Kartell
www.kartell.it

Kinnasand GmbH
Danziger Straße 6
26655 Westerstede
Tel.: 0 44 88 / 51 60
kinnasand@kinnasand.com
www.kinnasand.com

Lambert GmbH/Gunther Lambert
Konstantinstraße 303
41238 Mönchengladbach
Tel.: 0 21 66 / 8 68 30
office@lambert-home.de
www.lambert-home.de

Leinos
eine Marke der Reincke
Naturfarben GmbH
Rudolf-Diesel-Straße 4
21614 Buxtehude
Tel.: 0 41 61 / 8 75 49
info@leinos.de
www.leinos.de

Lignatur AG
CH-9104 Waldstatt
Tel.: +41 / (0)71 3 53 04 10
info@lignatur.ch
www.lignatur.ch

ligne roset
Roset Möbel GmbH
Industriestraße 51
79194 Gundelfingen
Tel.: 07 61 / 59 20 90
epost@ligne-roset.de
www.ligne-roset.de

Luceplan
Via E.T. Moneta, 46
I-20161 Milano
Tel.: +39 / 02 66 24 21
info@luceplan.com
www.luceplan.com
Luceplan Deutschland:
Prenzlauer Allee 39
10405 Berlin
Tel.: 0 30 / 4 43 38 40
luceplan_de@luceplan.com

Mans de Mallorca
C. Deganat, 4 A
E-07001 Palma de Mallorca
Tel.: +34 / 971 / 21 30 78
MansdeMallorca@latinmail.com

Mario & Pedro Marin
Tel.: +34 / 971 / 20 92 25

Maxdesign SRL
Via dei Banduzzi, 75
I-33050 Bagnaria Arsa (Udine)
Tel.: +39 / 04 32 / 99 64 12
www.maxdesign.it

Pilat & Pilat Produkties
Tsjerkebuorren 40
NL-9286 GC Twijzel
Tel.: +31 / 05 11 / 54 39 81
www.pilat.pilat.nl

Regent Beleuchtungskörper AG
Dornacherstrasse 390
CH-4018 Basel
Tel.: +41 / (0)61 / 3 35 51 11
info.bs@regent.ch
www.regent.ch

Rolf Benz AG & Co. KG
Haiterbacher Straße 104
72202 Nagold
Tel.: 0 74 52 / 60 10
info@rolf-benz.com
www.rolf-benz.com

Skantherm GmbH & Co. KG
Lümernweg 188 a
33378 Rheda-Wiedenbrück
Tel.: 0 52 42 / 9 38 10
www.skantherm.de

Skanwood GmbH
Steinbacher Straße 1
97816 Lohr am Main
Tel.: 0 93 52 / 8 05 50
anfrage@skanwood.com
www.skanwood.de

Steinberg – Armaturen GmbH
Schiess Straße 30
40549 Düsseldorf
Tel.: 02 11 / 5 20 24 90
info@steinberg-armaturen.de
www.steinberg-armaturen.de

Teknobili/Nobili S.P.A
www.teknobili.it

Thonet GmbH
Michael-Thonet-Straße 1
35066 Frankenberg (Eder)
Tel.: 0 64 51 / 50 80
info@thonet.de
www.thonet.de

Tonwerk Lausen AG
Hauptstraße 74
CH-4415 Lausen
Tel.: +41 / (0)61 / 9 27 95 55
info@twlag.ch
www.twlag.ch

Via GmbH
Almut Lager, Norbert Kummermehr
Schiefermahlwerk
56349 Kaub am Rhein
Tel.: 0 67 74 / 9 18 18 80
info@zementmosaikplatten.de
www.zementmosaikplatten.de

Villeroy & Boch AG
Hauptverwaltung
Postfach 1120
66688 Mettlach
Tel.: 0 68 64 / 8 10
www.villeroy-boch.com

Vitra AG
Klünenfeldstraße 22
CH-4127 Birsfelden
Tel.: +41 / (0)61 / 3 77 00 00
info@vitra.com
www.vitra.com

Vola
www.vola.dk
Vertrieb Deutschland:
Vola GmbH
Tel.: 0 89 / 5 99 95 90
vola@vola.de
Vertrieb Schweiz:
Vola AG
Tel.: +41 / (0)9 55 18 18
sales@vola.ch
Vertrieb Österreich:
Vola Vertriebs GmbH
Tel.: +43 / (0)1 / 52 63 97 10
sales@vola.at

Walter Knoll AG & Co. KG
Bahnhofstraße 25
71083 Herrenberg
Tel.: 0 70 32 / 20 80
info@walterknoll.de
www.walterknoll.de

Diese Ausgabe wurde auf chlor- und säurefrei gebleichtem, alterungsbeständigem Papier gedruckt.

1. Auflage

Umschlaggestaltung: Büro Klaus Meyer, München – Jan Riemer, unter Verwendung der Fotos lt. Bildnachweis
Grafische Gestaltung und Herstellung: Monika Pitterle/DVA
Gesetzt aus der Thesis Sans und Thesis Mix
Lithografie: Helio Repro, München
Druck und Bindung: Print Consult, München
Printed in Germany
ISBN: 978-3-421-03501-1

www.dva.de

Der Autor steht für Leseranfragen gerne zur Verfügung:
Thomas Drexel
Autor und Architekturfotograf
Am Fladerlach 9
86316 Friedberg
Tel./Fax: 08 21 / 6 07 08 74
E-Mail: thomas.drexel@t-online.de

Bildnachweis
Fotografien:
Archiv Architekten: Seite 14–17, 72–75; 76–81; Thomas Drexel, Friedberg/Bayern: Umschlag-Vorderseite, Umschlag-Rückseite oben beide und unten links, Seite 8–13, 22–71, 88–237; Fotoagentur Punctum, Leipzig: Umschlag-Rückseite unten rechts, Seite 82–87; Ignacio Martínez, Navia Asturias: Seite 18–21

Pläne:
Sämtliche Planzeichnungen stammen von den im jeweiligen Kapitel genannten Architekten oder Innenarchitekten.

Dank
Der herzliche Dank des Autors gilt allen Eigentümern und Architekten der im Buch vorgestellten Häuser, deren Mitarbeitsbereitschaft und teils auch ganz praktische Gastfreundschaft das Gelingen des Buches erst möglich gemacht haben. Monika Pitterle kommt das Verdienst zu, ein gelungenes Layout erstellt zu haben. Juliane Weinig behielt bei der Projektleitung stets alle Fäden in der Hand und ließ keine Fehler unbeachtet.